担当力
培训必读书

志文／著

有一种责任叫担当

中国華僑出版社
·北京·

图书在版编目（CIP）数据

有一种责任叫担当 / 志文著 . —北京：中国华侨出版社，2019.8
ISBN 978-7-5113-7908-5

Ⅰ . ①有… Ⅱ . ①志… Ⅲ . ①企业—职工—职业道德
Ⅳ . ① F272.921

中国版本图书馆 CIP 数据核字（2019）第 121951 号

有一种责任叫担当

著　　者 / 志　文
责任编辑 / 王　委
责任校对 / 孙　丽
经　　销 / 新华书店
开　　本 / 670 毫米 ×960 毫米　1/16　印张 / 15　字数 / 222 千字
印　　刷 / 三河市华润印刷有限公司
版　　次 / 2019 年 8 月第 1 版　2019 年 8 月第 1 次印刷
书　　号 / ISBN 978-7-5113-7908-5
定　　价 / 42.00 元

中国华侨出版社　北京市朝阳区静安里 26 号通成达大厦 3 层　邮编：100028
法律顾问：陈鹰律师事务所
编辑部：（010）64443056　64443979
发行部：（010）64443051　传真：（010）64439708
网　址：www.oveaschin.com
E-mail：oveaschin@sina.com

前言

一位伟人曾说过："人生的履历都必须排在勇于负责的精神之后。"在责任的内在力量的驱使下，我们常常会产生一种崇高的使命感和归属感，这将促使我们克服一切困难。

担当责任，意味着勇于接受、敢于负责。责任，意味着更多的任务与问题，同时也意味着更多的机会和挑战。唯有敢于担当，才能不断地提升个人的能力、不断地增加成就；唯有敢于担当，才能在事务与问题的锤炼中不断提高人生的格局；也唯有敢于担当，才能在企业和个人面临困境与危机、任务与难题、机遇与挑战时，不畏缩、不胆怯，并积极主动地迎难而上，成为组织中不可替代的人。

责任往往能够让一个人具有最佳的精神状态，精力旺盛地投入工作，并将自己的能力发挥到极致。对于企业而言，责任与能力并存的员工才是企业真正需要的人才。只有那些勇于承担责任的人，才能在工作中自动自发、全力以赴，才会得到企业与领导者的认可，才会为工作伙伴所接纳与尊敬。

所以，对于工作，每个人都必须具备敢于负责、勇于担当的态度。我们不应该仅仅把工作视作取得物质生活的一种“需要”，或者一种无可避免的苦役，而应该把工作当作一个锻炼能力的手段，一个训练和建造品格的学校。优秀的员工应切实履行责任，尽职尽责地对待自己的工作，完美展现自身的能力与价值。“如果你能真正钉好一枚纽扣，这应该比你缝制出一件粗制滥造的衣服更有价值”。尽职尽责地对待自己的工作，无论你的职位是做什么，都能创造出独一无二的价值。

本书从激发员工责任感与担当意识出发，告诉员工有责任感才能激发潜能、鼓足干劲，有责任感才能全力以赴、不遗余力，有责任感才能真抓实干、执行到位，有责任感才能积极探索、解决问题。作者以通俗易懂的语言和丰富多彩的实例，为培养员工责任意识提供了非常有效的建议和帮助。

目 录

Contents

第一章

顾全大局，舍己为公

第二章

真抓实干，执行到位

第四章
激发潜能，鼓足干劲

第五章
忠于职守，乐在工作

第六章
打破界限，勇于承担

第七章
全力以赴，不遗余力

第八章
巧妙计划，效率至上

第九章
停止抱怨，不找借口

第十章
超越自我，走向卓越

第一章

顾全大局，舍己为公

想成为一流员工，只有忠诚、敬业、负责是远远不够的，你还必须学会顾全大局。如果有职权就争抢，有责任就逃避，短期看是避免了自己犯错误的机会，但是争权逃责这个根本性的错误会逐渐在上级和同事的心目中确认，最终会聪明反被聪明误。只有自觉做到局部服从整体，自我服从全局，眼前服从长远，立足本职，甘于奉献，这才是行走职场不可或缺的职业道德与品质。

1

树立“企兴我荣、企衰我耻”意识

公司的利益永远是第一位的，
绝对来不得半点得过且过和任何偷奸耍滑的行为。

西方人是这样谈论企业的兴衰的：企业就像一棵树，树上攀满了猴子，每层的枝丫上都有，还有更多的正往上爬。如有果子，总是顶层的猴子先吃。当树上的果子快吃没时，上面的猴子就会用枝条打下面的猴子，以便赶走一些。在挥打中，猴子们纷纷往下一层掉，你挤我，我压他，一片混乱。树木的枝条弄断不少，树干也几乎被折断，最后大都纷纷掉在地上。至于它们的赔偿，就是摇落在树下的一些果子。猴子掉下去后，树的负担轻了，生活又开始恢复正常。

这个故事写尽了企业中的世态炎凉。显然，故事中的这些猴子无论是“上面的”，还是“下面的”，都各怀私心，都只想让自己吃到果子，而没有考虑怎样使树多长果子。这样的猴子，理所当然要掉到树下去，被树抛弃。

那些只想自己吃到果子，不能与公司同舟共济的员工，心中普遍存在两个错误认识：一是认为个人利益与企业利益是对立的；二是认为个人前途与组织前途没有关系。事实上，个人利益与企业利益是统一的。在一个企业里，利益分配是这样的：一部分以税收形式上缴国家，一部分以公益支出形式给了社会，一部分以分红的形式给了股东，一部分以薪金福利等形式给了员工，一部分留在企业里作为企业下一步发展所需的公积金。

个人利益与企业利益之间难免存在着你多我少，或者你少我多的情况，从某一个时间点上看，个人利益和企业利益是冲突的。但从一个较长时期来看，个人利益与企业利益绝对是统一的。这是为什么呢？你看看那些效益好的企业，员工的收入不是很高吗？反之，那些效益差的企业，员工的收入不是很微薄吗？不要太计较一时的你多我少。如果每一个员工都把目光放长远一点，今天少索取一点，让企业发展更快，明天获取的就不会是这一点了，而是许多倍。

作为员工，一定要明白一个道理："公司兴我荣，公司衰我耻。"公司发展了，员工才能获得施展才华的土壤，才能有用武之地，才会获得发展的机遇。

公司不能没有员工，员工也离不开公司，公司与员工，二者是利益的共同体。作为员工，我们要把公司的利益放在首位，我们要牢固树立"把公司当成自己的家，把公司的事当成自己的事来办"的工作思想，全身心地为公司奉献自己的忠诚。忠诚于公司，忠诚于事业，忠诚于自己的岗位。

以主人翁的积极心态去做事，事事尽心尽责，倾力而为。这样做，无论是对公司的发展，还是对个人的成长，都是大有裨益的。

一个没有主人翁精神的员工不会成为一个好员工。不管你到哪里工作，都不要把自己当成员工，而应该把公司看作是自己的公司。作为公司的一员，把自己当成公司的主人是做好一切工作的前提。

有些员工以"这不是我分内的事"来逃避责任，当额外的工作分配到他头上时，当顾客、同事或上司交给他某个难题时，他通常采取推诿的态度，能不干的尽量不干。这种员工缺乏主人翁精神，这种"事不关己、高高挂起"的心态，对自己未来的事业发展是极其有害的。

一家大型餐饮机构招聘厨房行政总监，应聘的地点是公司的厨房。面试当天，一下子来了二百多人，厨房里挤满了准备要面试的人。面试进行了整整一个下午，从头到尾，厨房的洗碗间有一个水龙头一直在"哗哗"地流水，但没有一个人去主动关一下。

最后，公司宣布，这次前来面试的人没有一个人合格，所以一个也没有被录取。事后，这家餐饮机构的负责人说：我们只是希望找到一个对后厨工作认真负责的人，可令人遗憾的是，这样的人太少了。

对很多人来说，公司不是自己的，工作就没有必要做得很详细、很彻底。但凡是公司的事，他们认为只要过得去就可以了。这是一种缺乏责任心的表现。

有人说："我怎么把公司当作家啊？公司的大事小事又不是我说了算。"这样说的人，就没有把公司当成自己的家，没有"公司属于自己"的心态。

领导掌握的是公司的大的方向，不可能去关注每一个工作的细节。但员工是直接执行任务的人，他们知道怎样去高效地工作。他们有时间、有条件也最容易看清如何改进工作，如何在工作流程中节省费用。

作为一名员工，有责任让公司的产品更好，有责任让公司更成熟、更完善。当你以主人翁的心态去做事情的时候，你知道什么是自己应该去做的，什么是自己不应该做的。

任何一名员工，只要愿意为公司的利益着想，对自己的所作所为负起责任，就能持续不断地寻找解决问题的方法，把工作做得更好，更到位。

高报酬的薪水意味着更高的责任，想要在工作上有一番成就，就必须为公司做出更大的贡献。不要只想着从公司获取什么，要想想能为公司做什么。

成就和梦想都掌握在自己的手中，就看你如何去把握。公司就是员工的第二个"家"，每一个员工都把公司里的事当成自己家里的事一样去重视，那么这个公司将无人可敌，而员工自己也必将在公司的不断发展中得到机遇，实现自己的梦想。

2

培养自己的全局责任感

在任何时刻，
全局利益是企业和员工生存的根基。

在任何企业，一个员工不论能力有多强，如果不以企业利益为重就不能算合格的员工；一个只知道追求私利的人，只会给企业带来损失。

一家企业有两位资深的主管，两个人为了争名逐利而明争暗斗，双方都不甘失败，不愿为了组织的整体利益而退让一步，更不要说是让对方获利了。双方僵持了一年，给相关部门造成了极坏的影响。最后，总经理只好亲自出马，把两位主管找来，让他们说明自己的问题。然而，这两位主管都不承认自己对整个企业大局负有责任，既然如此，总经理只好让他们都走人。

身为主管都不能意识到自己对企业大局负有责任，他的员工又怎么可能有这样的意识呢？那么整个企业不就如同一盘散沙了吗？各个部门各怀心思，企业又怎能生存和发展？

某零售业经理有一次在一家超市视察时，看到一名雇员对前来购买非自己所管物品的顾客态度冷淡，甚至对顾客发脾气，令顾客极为不满，他自己却毫不在意。这位经理对雇员说："你的工作就是为顾客服务，让顾客满意，并让顾客下次还想到我们这里来，但是你的所作所为是在赶走我们的顾客。你这样做，不但没有承担起责任，反而使企业的利益受到损害。你无视自己的责任当然会失去企业对你的信任，一个不把企业当成是自己的企业的人，就不能让企业把他当成自己的人，所以你被解雇了。"

这位经理没有把员工的问题简单地视为服务态度的问题，而是看到了态度恶劣背后的问题——对全局责任感的缺乏。

缺乏全局责任感的员工，不会视企业的利益为自己的利益，当然不会因为自己的所作所为影响到企业的利益而感到丝毫的愧疚，又怎么可能设身处地地为企业着想？解聘这样的员工，对员工而言是一次深刻的教训，至少让他明白，在任何时刻，全局利益是企业和员工生存的根基。

全球最大的连锁零售企业沃尔玛，对员工的录用很简单也很重要的一个标准就是要求具有全局责任感。现在，这个简单的标准已转化为沃尔玛企业的一种重要的精神。因为有全局责任感的员工会把顾客的利益和企业的利益放在第一位，想方设法满足顾客的所需所求。

《对阵——和零售巨人竞争》的作者肯尼·斯通曾经有过这样的亲身经历：当他需要一个过滤器时，他先到五金商店去询问，但是他们没有货；他于是又去了当地的沃尔玛商店，但是他们也没有货。第二天，斯通按照同样的路线走了一遍，五金商店仍然没有货，而沃尔玛的陈列架上已经摆上了最新款的过滤器。于是，肯尼·斯通说："我知道再遇到这种情况，我会到哪里去购买。"

沃尔玛的员工在顾客问及他们任意一种商品在哪里时，不仅能指出商品所在的位置，而且还会亲自带顾客找到这种商品。这就是沃尔玛员工的顾全大局的责任意识。

在企业和组织中，最受欢迎和器重的就是顾全大局的员工。如果你能将顾全大局、将为大局利益着想视为一种理所当然的职业责任，并勇敢担当的话，你就已经走入了组织管理者的优秀员工名单中。

3

赋予工作更高的意义

比尔·盖茨说，

人需要有强大的动力，才能在好的职业中获得成功。

非洲的某个土著部落，迎来了美国的旅游观光团。部落里的人，虽然还没有什么市场观念，可是面对这样的一个赚钱机会，自然是不会放过的。

部落中有一位老人，正悠闲地坐在一棵大树下面，一边乘凉，一边编织草帽。编织好的草帽他会放在身前，供游客们挑选和购买。他编织的草帽，造型非常别致，颜色搭配也非常巧妙。游客们纷纷驻足围观，并开始掏钱购买。

这时候，一个精明的商人看到了老人编织的草帽，脑子里立刻盘算开了，他想：这样特别的草帽如果运到美国去，一定能卖上个好价钱，至少能获得10倍的利润吧。想到这儿，他就不由得激动地对老人说："老人家，这样的草帽多少钱一顶啊？"

"10块钱一顶。"老人冲他微微一笑，继续编织着自己的草帽。他那种闲适的神态，真让人觉得他不是在工作，而是在享受。

"天哪，如果我买10万顶草帽回到国内去销售的话，一定会发大财的。"商人欣喜若狂，为自己天才的头脑沾沾自喜。

商人接着问："老人家，假如我在你这里定制10万顶草帽的话，你每顶草帽给我优惠多少钱啊？"

他本以为老人一定会高兴万分，可老人却皱着眉头说："这样啊……那就要20元一顶了。"

商人顿时傻了眼，不由得冲着老人大叫：“为什么？”

老人讲出了他的道理：“在这棵大树下，没有负担地编着草帽，对我来说是一种享受。可是如果要编织10万顶草帽，我就不得不夜以继日地工作，不仅疲惫劳累，还有了精神负担，难道你不该为此多支付我点钱吗？”

正如老人所言，当劳动不能成为一种享受，而变成一种循环往复的单调行为，确实会令人感到乏味。如果你只是把目光停留在工作本身，那么即使你从事的是最喜欢的工作，也依然无法持久地保持对工作的热情。

如果在拟定合同时，你想的是一个几百万的订单，在搜集资料、撰写标书时，你想到的是招标会上的夺冠，那么，你还会认为自己的工作是百无聊赖、枯燥无味吗？只有充满了动力，才能真正热爱工作。

尽管我们不得不为了生活而奔走忙碌，但是“为什么而工作”却是我们必须用心思考的一个问题。

美国石油大王洛克菲勒的第一份工作是簿记员，他虽然每天天刚蒙蒙亮就得去上班，而办公室里点着的油灯又非常昏暗，但他对那份工作从未感到枯燥乏味，反而很努力开心地工作，连办公室里的杂事他干起来也是很有兴致，结果就是雇主总在不断地给他加薪。

他后来说，收入其实只是我们工作的副产品，做好你该做的事，出色地完成你该做的事，理想的薪金必然会到来。

更重要的是，我们劳苦的最高报酬，不在于我们所获得的，而在于我们会因此成为什么。工作是一种态度，它决定了我们快乐与否。

如果你赋予工作意义，不论工作大小，你都会感到快乐。

工作满意的秘密之一，就是能够“看到超越日常工作以外的东西”。一旦心情愉快起来，你自然就会全身心地投入。本来觉得乏味无比的事情，也会变得妙趣横生。这正是工作的本质所在。

4

站在管理者的角度思考问题

公司就是你的船，只有船安稳，你才能踏实，
如果船出现了什么漏洞，那么每个船员都不能幸免。

心理学家在论述做人的基本原则时，都会特别强调“同理心”这个词。有人甚至说：“没有同理心，就不可能知道什么是成功，什么是领导力。”同理心是在人际交往过程中，能够体会他人的情绪和想法、理解他人的立场和感受并站在他人的角度思考和处理问题的能力。

孔子说过：“己所不欲，勿施于人。”意思就是用自己的心推及他人，自己希望怎样生活，就想到别人也会希望这样生活；不愿意别人怎样对待自己，就不要那样对待别人；自己希望在社会上能站得住，能通达，就也帮助别人站得住，帮别人通达。

从以上解释来看，同理心和“己所不欲，勿施于人”表达的意思是一样的，都是从自己的内心出发，推及他人，去理解他人、对待他人；你怎样对别人，别人就会怎样对你；你善待别人，就是善待自己；为别人着想，就是为自己着想。以此类推，工作方面，为公司着想就是为自己着想。有这样一个事例。

1997 年 6 月，当迈克尔·阿伯拉肖夫接管导弹驱逐舰“本福尔德”号的时候，船上的水兵士气消沉，人心涣散，很多人都讨厌待在这艘船上，甚至想赶紧退役。但是，两年之后，这种情况彻底发生了改变。整个团队上下一心，士气高昂。“本福尔德”号变成了一艘王牌驱逐舰。迈克尔·阿伯拉肖夫用什么魔法使得“本福尔德”号的精神面貌发生了这样翻天覆地

的变化呢？

引用他自己的话就是：“这是你的船！”迈克尔·阿伯拉肖夫告诉士兵：“这是你的船，所以你要尽全力与船共命运，你要与这艘船上的官兵共命运。”

同样，企业组织也是如此，它也是你的船，你的每一次航行都离不开它，是它载你驶进浩瀚的海洋，所以你要与它共命运。只有你的船安稳地行驶，你才能踏实，如果你的船出现了什么漏洞，那么一定会殃及每个船员。

英特尔总裁安迪·葛洛夫曾应邀向加州大学伯克利分校毕业生发表演讲。他在演讲中对学生们提出了以下的建议：不管你在哪里工作，都别把自己当成员工，而应该把公司看作是自己开的。自己的事业，只有你自己可以掌握。不管什么时候，你和企业组织的合作，最终受益者也是你自己。

只有组织不断地发展壮大，在组织里生存的员工才会得到发展。因此，员工应该树立维护和建设组织载体的意识，只有这个载体越来越大，越来越好，才能为员工创造更多的机会，提供更大的发展空间。

日本著名企业家松下幸之助说：“我的员工要像企业家那样思考，不能只像个被雇来干活的人。”员工只有把企业当成一条与自己命运息息相关的船，像企业家一样思考、工作，才能提升自己的思想，打造过人的业绩。

5

有难时和组织同舟共济

不管你在哪里工作，都别把自己当成员工，
而应该把公司看作是自己的。

有个企业家被问到他为什么喜欢航海。他的回答是，航海和经营企业有强烈的共同点：一个企业的发展需要全体员工的共同努力，就像一艘船要破浪前进需要全体船员各司其职，共同配合，才能顺利抵达目的地一样。

你必须树立“这是我们的船”的理念。也就是说，每一个人都应该把自己服务的组织看成是一艘船，一艘自己的船，这样你才会竭尽所能贡献自己的力量，主动、高效、热情地完成任务，用心去打造属于自己的“船”；还要将你的上司、同事看作是和你同舟共济的伙伴，你们是一艘船上的合作者，而且只有每一个人都努力地做好自己的工作，这艘船才会前进。每一个人的命运都将和这艘船紧紧地捆绑在一起，与船同生死、共命运。所以，你不但要为你的船贡献自己的全部能力，你还要保护你的船，不让它在中途抛锚。

但是，这种心态在当今的职场却是不多见的，他们总认为：“公司是领导的，我只是替领导工作，工作付出得再多，干得再出色，最后得到好处的永远是领导。”如果你有军人朋友，你就会改变这种不合理的认识。每一个军人都非常清楚，他必须和他的长官、他的战友同舟共济，否则他牺牲的可能性就会大大地提高。在战场上，每一个错误都可能意味着死亡。没有长官的智慧，没有战友的配合和掩护，你是无法独自完成任务的。

其实，你一旦进入一家企业，就如同上了一条船，领导者和员工都是这条船上的一员，只是分工不同，角色不同而已，你唯一的选择就是尽职尽责地完成好自己的本职工作。如果每一个人都是这样，那么船在中途不会出问题，如果每个人都不想承担责任，等待我们的将是意外或者事故的发生。

从这个意义上说，员工也是企业的主人，企业的兴亡不仅和每一位员工的切身利益有着直接的关系，而且还和员工的前途息息相关。所以，上了公司这条船，就必须和公司共命运，必须和组织者同舟共济。这个道理在你刚工作时就应该明白。

和领导同舟共济，意味着你不仅要和领导分享成功的喜悦，更重要的是，在困难时能够替领导分忧。

一个小伙子芬南最初选择到一家只有二三十个人的小计算机配件制造公司工作，而他的领导叫罗蒂，只是一个比他大三岁的年轻人。

就在芬南到公司的第三个月，公司接到了一个大的订单，为某计算机公司加工 50 万张硬盘。这对当时的公司来说，已经是超级订单了，这笔订单能否顺利按时完成，对公司今后的发展关系重大。公司上下马上就忙碌了起来，将全部的资金都投入到这个项目中去了。

然而，商场风云变幻莫测，一方面由于技术不过关，另一方面由于管理上的疏忽，公司所生产的硬盘出现了严重的质量缺陷，被全部退货。对于芬南所在的小公司来说，这无疑是一个极其沉重的打击，不但没有赚到钱，反而欠了银行的债。银行知道消息后，不断上门来逼债。后来，公司连支付水电费都成了问题。但领导罗蒂还是四方筹借到了工资。发工资时，领导召开了会议，向员工阐明了公司面临的窘境，并提出希望员工能够和他共同来应对这场困难，在了解公司的境况后，许多员工都马上辞职。

还有一部分员工认为公司走到这一步，责任应该完全由罗蒂来承担，所以他们向罗蒂索要失业赔偿金。这其中就有平时对罗蒂表示过忠心的人，这使罗蒂受到了很大的伤害，于是他毫不犹豫地在他们的赔偿协议书上签了字。那些原本没打算索要赔偿金的员工见此情景也纷纷要求赔偿，罗蒂一一都满足了他们。

当看着平日里那些口口声声说要和自己共同打拼的员工提着东西离去，罗蒂感到了孤单，他以为公司就只剩下了他一个人。但当他走出自己的办公室时，他惊讶地发现还有一个人在安静地工作着，这个人就是芬南。他在平日里并不怎么亲近罗蒂，甚至很少和罗蒂交谈。罗蒂非常地感动，就走到芬南面前对他说："你为什么没有向我索要赔偿金呢？如果你现在要，我会给你双倍的。我现在虽然已经身无分文了，但我相信我的朋友会借给我的。"

"赔偿金吗？"芬南笑了笑，"我根本就没打算离开，为什么要赔偿金呢？""你不打算离开？"罗蒂显得非常惊讶，"难道你认为公司还有希望吗？说实话，我自己都失去信心了。"

"不，我认为公司还大有希望，你是公司的领导者，你在公司就在；我是公司的员工，公司在我就该留下来。"芬南说。罗蒂被深深地感动了："有你这样的员工，我当然应该振作起来！但是，我不忍心你和我一起吃苦，事实上我已经破产了，你还是去找一份新的工作吧。"

"不，我愿意留下来和你一起吃苦。公司发展好的时候，我来到了公司，如今公司有了困难，我就离开，这太不道德了。只要你没有宣布公司关门，我就有义务留下来。你刚才不是说你的朋友愿意帮助你吗？如果你愿意接受我这个朋友，那么就让我来帮助你吧，我可以不要一分钱。"

芬南坚定地留了下来，并把自己的积蓄全部借给了罗蒂。罗蒂为了偿还银行和员工的赔偿金，卖掉了仅有的一个加工车间和所有的设备，也卖掉了汽车。接下来的日子里，他们转变了经营的重心，开始给一些软件公司寄销软件。这种方式的投入很小，公司很快就有了转机，两个人忍受了半年的艰苦日子后，公司终于开始盈利了。此后，公司进入了快速的发展期，一年多后，公司就由负债转为盈利上千万美元。

一天，难得有时间，芬南和罗蒂在一家咖啡馆喝咖啡，罗蒂说："在公司最困难的时候，是你给了我最大的帮助。在当时我就想把公司的一半股权交给你，但当时公司还没有脱离困境，我怕拖累你，现在公司终于起死回生了，我觉得是时候该把它交给你了。同时，我真诚地邀请你出任公司的总裁。”罗蒂说着，拿出了聘书和股权证明书一起交给了芬南。

管理者是掌握企业组织发展方向的人，是决定企业组织存在与否的人，那些能够与管理者同舟共济的人必将得到最大的奖赏。与领导者同舟共济，也包括尽职尽责地完成本职工作，最大可能地分担领导的压力，与领导站在同一立场，支持他、理解他。

6

做好自己的事情就是在帮助别人

一个人必须要认清自己的责任，处理好责任和价值的关系，
在尽责中实现价值，在价值实现中尽到责任。

一对父女在马戏团表演，父亲要把一根很长的竹竿放到前额上，女儿则要爬到竿顶。他们做这个表演时，人们就会给他们一些钱。一天，父亲对女儿说：“亲爱的女儿，我们必须照顾好对方。你必须照顾好爸爸，我也要照顾好你。这样我们就安全了。我们的表演太危险了。”因为如果女儿摔下来，摔断了腿，他们就没有饭吃，无以为生了。

但聪明的女儿却这样说道：“爸爸，你应该这样说，我们每个人都要照顾好自己，只有这样我们才能维持生计。因为在表演中你应该照顾好你自己，你也只管照顾好你自己就行了。你站得稳稳的，随时保持警惕，你这就帮了我的大忙。爬竿时我也会照顾好我自己，这样我们才能继续完成表演。”

一个企业的成功，依赖于组织中所有的员工。每个人的成功，都会为

组织增添业绩；每个人的失败，也会为组织的最终的失败埋下伏笔。对管理者而言，组织的生存和发展需要职员的敬业和服从；而员工需要的则是丰厚的物质报酬和精神上的成就感。从表面上看，彼此之间存在着对立性，但是，在更高的层面，两者又是和谐统一的。

企业需要忠诚和有能力的员工，业务才能进行；员工必须依赖公司的业务平台才能发挥自己的聪明才智。企业和员工的关系就像前面提到的那对父女的关系一样，只有先照顾好自己，才能照顾好别人，才能谋得共同发展。

海员都有这样的经验，船经常会被困在波涛汹涌的大海或狂暴的风浪中，遇到这种情况，人们如果惊慌失措，船很快就会沉没。但是，如果甲板上每个人都能保持冷静、清醒，知道自己该做什么、不该做什么，各自坚守自己的岗位，船就有可能脱离危险。如此一来，每个人不但拯救了自己，也拯救了他人。

所以，不要感慨自己的付出与受到的肯定和获得的报酬不成比例，不要老是觉得自己得不到理想的工资，不能获得上司的赏识。这样的情绪是产生逃避责任思想的温床。记得提醒自己：你和公司在同一只船上，船能否脱离危险，取决于每个乘客的表现。想要实现组织的发展和个人成长，请先做好自己的本职工作，做好自己，就是最大的成功。

7

自觉消除分内分外工作的界限

一个人承担的责任越多，
他彰显出来的价值就越大，得到的回报就越多。

不要抱怨多干工作。“领导为什么叫我多干？是因为他信任我，是因为我的技术比别人好，这已是最好的褒奖了，我为什么还要计较其他的？”如果你这样想的话，心里面就不会有抱怨的情绪存在了。

一位年轻的女孩曾受聘于一家外资企业，做一名普通的办公室文员。她每天要拆阅、分类大量的公司信件，工作内容有些单调，而且工资也不高。但是这位女孩却并没有因为工作单调而抱怨或消极怠工，她不但把本职工作做得无可挑剔，而且经常在下班后帮忙做一些诸如替自己的上司整理文件等职责外的工作。

她的上司是企业的办公室主任，每天需要处理许多事情，所以他需要掌握足够多的信息资料。为了把那些上司需要的文件整理好，她尽可能充分地想到上司需要的最新资料和信息，而且她还要站在上司的立场认真地考虑每一件工作的处理方式。她一直坚持这样做事，并不在意领导有没有注意到自己的努力。终于有一天，上司的秘书因故辞职了，在挑选合适的继任者时，上司很自然地想到了这个女孩，因为她在没有得到这个职位之前就已经熟知这份工作的内容了。

继任秘书一职后，女孩依然像以前一样坚守在自己的岗位上。后来在上司升任为总公司行政部长的时候，她又理所当然地得到了办公室主任的职位。

故事并没有就这样结束，这位年轻女孩才能如此突出，引起了更多人的注意，很多公司纷纷为她提供更好的职位诚邀她加盟。为了挽留她，公司多次为她加薪，与最初做一名普通办公室文员时相比已增加了十几倍。即便如此，公司领导也并未感到自己付出的薪水太高，因为这个女孩总是让别人感到她无比重要，她总是能够站在管理者的立场上思考问题，而且随着时间的推移，她变得越来越重要，她把自己变成了一个不可替代的角色，在工作中创造的价值绝对值得企业给予她这样优厚的待遇。

真正具有责任感的人，会在工作中充分调动自己的积极性和主动性，自觉消除分内、分外的界限，而一个优秀的员工主要是从以下五个方面来体现这种主动性的：

（1）承担本职工作以外的责任；

（2）为工作伙伴和集体做更多的努力；

（3）能够坚持自己的想法或项目，并很好地完成它；

（4）愿意承担一些风险来接受新任务；

（5）总是站在核心路线旁。核心路线是公司为获得收益和取得市场成功所必须做的重要行为，员工首先必须踏上这条路线，然后才能为公司做出贡献。

以上五个方面，有三个方面表明优秀的员工必定要承担更多的责任。承担更多的责任，就意味着承担起分外的责任并面临着更多的风险，这是负责的延伸和升华。

其实，真正有责任心的人，从不以个人得失为工作的出发点，他们乐意为同事提供帮助，乐意接受新任务。因为他们信奉的宗旨是：对同事负责就是对自己负责，对公司负责就是对自己负责。所以，他们心中根本不存在分内、分外的界限，只要是对公司有益的事，就负有不可推卸的责任，就应该积极主动地去做。

事实证明，一个人承担的责任越多，他彰显出来的价值就越大，得到的回报就越多。一个人也只有表现出高度负责的精神，才会赢得更多的赏识和重用，为自己未来的成长增添更多的可能。

8

为公司节约，就是为公司赚钱

为公司节约一分钱，
等于为公司赚了一分钱。

千万不要认为在一个企业组织里，只有生产人员和营销人员才能争取客户、增加产出为公司赚取利润。实际上，企业要产生利润，就必须依仗开源和节流。不直接与客户打交道的员工也能通过节约为公司赚钱。

因此，每一名员工都要在工作和生活中提高成本意识，养成为企业组织节约每分钱的习惯，节俭实际上也是为企业创造利润。

无论企业是大是小，是富是穷，使用公物都要节俭，员工出差办事，也绝对不能铺张浪费。节约一分钱，等于为公司赚了一分钱。就像富兰克林说的："注意小笔开支，小漏洞也能使大船沉没。"

据说，在广州丰田的洗手间，洗手池上方的纸巾盒旁贴有一张告示，告示上详细地写明，按照每张纸巾 0.03 元计算，如果不使用纸巾，一年将节省多少钱，从而每年又将节省多少木材。

这就是丰田所代表的精益文化：任何一个小的细节，丰田都在竭尽全力地告诉这个世界，还可以做得更好吗？还可以节约一点资源吗？

通过这些无处不在的细节，丰田想让所有的管理者、普通员工都牢牢地树立强烈的"浪费为耻"的成本意识，丰田所有的人都明白一个基本的道理，那就是丰田巨大的竞争优势，其实来源于对每一个细节浪费的消除。

在丰田自己总结的管理模式中，丰田所有的行为，所有的管理体系，目标最后都指向一点，那就是消除浪费。可以说，消除浪费是丰田管理体系中的目标，这也是整个丰田管理中所要解决的唯一问题。

浪费首先是从“对浪费没有感觉”开始的。对存在浪费的现象熟视无睹，对浪费现象没有人感到心疼，整个公司对此集体无意识地麻木，这才是真正的浪费。

曾经看到过这样一个有关节约的故事。

某油脂公司修配车间主任郑述平，是公司的一名老员工。他负责修配车间的维修工作，凭自己熟练的维修技术和勤勤恳恳的工作热情，赢得了领导和员工的好评。除此之外，他变着法子为公司节约材料，变废为宝，也是赢得领导重视的一个原因。

在油脂公司办公室的后面西侧，有一大堆拆卸的废旧设备和废旧配件，更确切地说，那是一个“废铁堆”。这一堆废铁大部分员工认为它们只能卖废品。可是，郑述平好像对它特别感兴趣，他不顾烈日暴晒，不怕蚊虫叮咬，经常光临这堆废铁。只见他手中拿着钢卷尺，量量这儿，看看那儿，在废铁堆上挑挑拣拣，当发现有用的钢轴、皮带轮、铁板、三角板、铁管等，就用气割把它割下来，拉回修配车间去留做备用。当车间急用时，经车床一加工就能用上，既节约了时间又省下采购费用，真可谓两全其美。就此一项，估计每年可为公司节约数万元资金。

不积小流，无以成江海。企业的生产经营从原料的购进费用，到加工费用，到产品销售费用，每个环节都要精细核算，可以说，任何利润都是来之不易的。如果每个员工都能像郑述平一样注意平时的成本节约，自然有益于公司的兴旺与发展。

9

选择公司的利益，而不是自己的利益

从整体角度考虑问题，
识大体的员工可以委以重任。

优秀的员工要时刻以组织利益为先，以大局为重，当组织利益与个人利益不一致的时候，主动将组织利益放在第一位，同企业和领导者保持步调一致，只有这样，才能和企业一同前进。

在大多数情况下，大多数员工不难做到以企业的利益为先，但是当企业利益和个人利益冲突时，当坚持企业利益可能会有损于个人利益时，是否还能坚持以企业利益为先就成为区分员工的一块重要的试金石。

微软公司的麦克尔曾经经历了一次严峻的考验。1984 年的元旦是世界计算机史上一个具有里程碑意义的日子，在这一天，苹果公司宣布它们正式推出首台个人电脑。

这台被称为“麦金塔”的陌生来客，是一台以独有的图形“窗口”为用户界面的个人电脑。“麦金塔”以其更加友好的用户界面打下市场，从而向 IBM 个人电脑发起强烈的攻势。

比尔 · 盖茨随机应变，制定相应的对策，马上决定放弃“卓越”软件的设计。而此时，麦克尔和程序设计师们正在废寝忘食地工作，“卓越”电子表格软件也初见雏形。经过慎重考虑，比尔 · 盖茨还是痛下决心，正式通知麦克尔放弃“卓越”软件的开发，转而为苹果公司“麦金塔”开发同样的软件。

麦克尔得知这一消息后，来到比尔 · 盖茨的办公室想问个明白，他说：

“我真不明白你的决定！我们没日没夜地干，为了什么？我们的竞争对手就是在软件开发上打败我们的！微软只能在这里夺回曾经失去的一切！”

比尔·盖茨耐心地向他解释：“从长远来看，‘麦金塔’代表了计算机的未来，它是目前最好的用户界面电脑，只有它才能够充分发挥我们‘卓越’的功能，这是 IBM 个人电脑不能比拟的。从大局着眼，先在‘麦金塔’积累经验，正是为了今后更好的发展。”

看到自己负责开发研究的项目半途而废，麦克尔根本听不进去任何解释，他大声地嚷道：“这是对我的侮辱。我绝不接受！”

年轻气盛的麦克尔一气之下干脆向公司递交了辞职书。比尔·盖茨百般挽留，他也毫不让步。不过设计师的职业责任感驱使着他仍然妥善地做完善后工作。

麦克尔把已设计好的部分程序向麦金塔电脑移植，并将如何操作“卓越”制作成了录像带。之后，便悄然地离开了微软。

麦克尔回到家里，又认真地考虑了一下，虽然嘴上说不再回微软，但他的内心还是非常留恋微软，尤其敬佩比尔·盖茨的为人和他天才的创造力。

第二天，当他出现在微软大门时，比尔·盖茨心中的石头才算落了地。

感激之情溢于言表的麦克尔紧紧地拥抱住了早已等候在门前的比尔·盖茨，此后，他废寝忘食地继续“卓越”软件的收尾工作，还加班加点为这套软件增加了一个颇具实用价值的功能——模拟显示，比别人领先了一步。

微软公司的竞争对手金瑞德公司绝非等闲之辈，他们也敏锐地意识到了“麦金塔”的重要意义，也为它开发名为“天使”的专用软件，构成了对微软的“卓越”强有力的竞争。

微软决心加快“卓越”的研制步伐，抢在“天使”之前，成功推出“卓越”系列产品。半个月后，“卓越”终于研制成功，这一产品在许多方面都远远超越了“天使”软件，而且功能更加齐全，效果也更完美。因此，产品一经问世，立即获得了巨大的成功，各地的销售商纷纷上门订货，时间不长，就出现了供不应求的局面。

此后，苹果公司的麦金塔电脑大量配置卓越软件。许多人把这次联手看成是“天作之合”。而金瑞德公司的“天使”比“卓越”几乎慢了3周时间。

在这个著名的案例中，比尔·盖茨和麦克尔都妥善处理了小利益与大利益的关系，在二者之中进行了理智的抉择。实际上，组织的整体利益与员工的个人利益是对立统一的关系，在一定情况下二者存在着冲突，因而，不可避免地存在着在二者之间进行抉择的问题。

工作中我们也常常会面临各种形式的“两难”选择。当我们正在为某件事尽心竭力工作的时候，当我们对某一项课题倾注心血快要成功时，当我们万事俱备，要作最后冲刺时……忽然领导的一个决定，命令我们放弃手上的工作，而去做其他工作。此时就我们就需要沉着、理智地对待。如果领导叫我们做的事，是一件极其重要的事，是关系到整个公司的未来发展的大事，只是叫你暂时放下手中的事情，先去做最重要的，那么，我们就不能固执己见，而是要有“舍小利益，顾全大局”的思想。

“两害相权取其轻，两利相权取其重”，这是对大局利益与个人利益进行抉择的一项基本规律，这个规律在大多数情况下体现为员工要有大局意识、整体意识。只有明白这个道理，理性看待企业的安排和调动，学会选择，学会放弃，我们才会取得更大的成就。

第二章

真抓实干，执行到位

细节是一种创造，细节是一种功力，细节表现修养，细节体现艺术，细节凝结效率，细节产生效益。能够看得见细节的人，不仅能够认真对待工作，而且可以把小事做细，从而使自己走上成功之路。

1

优秀的员工重视细节，平凡的员工忽视细节

马雅可夫斯基说，
工作中，你要把每一件小事都和远大的固定的目标结合起来。

20世纪世界四位最伟大的建筑师之一密斯·凡·德罗，在被要求用一句话来描述他成功的原因时，他只说了五个字：“魔鬼在细节。”他反复强调的是，不论你的建筑设计方案如何恢宏大气，假如你对细节的把握不到位，就不能称之为一件好作品。

无数事实证明，事业的成功源于“细节”。中国的先贤曾说过：“天下大事，必作于细。”现如今，“细”的工作作风是事业成功的必要条件。

海尔的管理层经常说的一句话就是：“要让时针走得准，必须控制好秒针的运行。”因此，我们要提高解决问题的能力，发现问题的关键，必须坚持从细节入手。发生在日本一家轿车公司的故事，说明在工作当中注意细节是一个很重要的环节。

飞机降落在东京国际机场，一家知名汽车生产公司的总工程师约翰先生踌躇满志地走下舷梯，他此行肩负重任。随着汽车业的日臻成熟，约翰所在公司扩大了与日本一家生产高档轿车公司的合作。他此行的目的，就是与日方谈判，为它们提供轿车及附件。如果谈得顺利，公司将获得巨大的经济效益。

约翰只有40多岁，却已是知名的汽车专家，日方显得非常慎重，派出年轻有为、处世谨慎的副总裁兼技术部课长冈田先生前来迎接。豪华气派的迎宾车就停在机场的大厅外。约翰办完通关手续，走出大厅，来到举着

欢迎他的小牌子的人面前，与冈田一行见面。宾主寒暄几句后，冈田亲自为约翰打开车门，示意请他入座。

约翰刚一落座，便随手“砰”地关上车门，声音特别响，冈田甚至看见整个车身都微微颤了一下。冈田不禁愣了一下：“是旅途的劳累使约翰先生情绪不佳，还是繁复的通关手续让他心烦？他可是株式会社的贵客，得更加小心周到地接待才行。”

一路上，冈田一行显得十分热情友好，甚至到了殷勤的程度。迎宾车停在株式会社大厦前的停车坪里，冈田快速地下车，小跑着绕过车后，要为约翰开车门。但约翰却已打开车门下车，又随手“砰”地关上车门。这一次，比在机场上车时关得还要响，似乎用的力还要重得多。冈田又愣了一下。

日方安排的洽谈前的考察十分紧张，株式会社董事长兼总裁渡边先生还亲自接见，令约翰感到非常满意。会谈安排在第三天。在接下来的两天里，冈田极尽地主之谊，全程陪同约翰游览东京的名胜古迹和繁华街景，参观公司的生产基地。约翰显得兴致极高，但回到下榻酒店时，他关上车门时又是重重地“砰”的一下。

冈田不禁皱了一下眉。沉吟了片刻，他终于一边向约翰鞠躬，一边小心地问道：“约翰先生，敝社的安排没什么不妥吧？敝人的接待没什么不周吧？如果有，还望先生海涵。”约翰显然没什么不满意的：“冈田先生把什么都考虑得非常周到细致，谢谢。”说这话时，约翰是满脸的真诚。冈田却显得若有所思……

第三天到了，接约翰的车停在株式会社大楼前，他下车后，又是一个重重的“砰”。冈田暗暗地咬了咬牙，暗中向手下的人吩咐几句后，丢下约翰，径直向董事长办公室走去。约翰正感到有些莫名其妙，冈田的手下客气地将他让到了休息室，说：“冈田课长说是有紧急事要与董事长谈，请约翰先生稍等片刻。”

董事长办公室里，冈田语气严肃地对渡边说：“董事长先生，我建议取消与这家公司的合作谈判！至少应该推迟。”

渡边不解地问："为什么？约定的谈判时间就要到了，这样随意取消，没有诚信吧？再说，我们也没有推迟或取消谈判的理由啊。"冈田坚决地说："我对这家公司缺乏信心，看来我们株式会社前不久对该公司的考察走了过场。"渡边是非常赏识这个精干务实的年轻人的，听他这么说，便问："何以见得？"

冈田说："这几天我一直陪着这个约翰总工程师。我发现他多次重重地关上车门，刚开始我还以为是他在发什么脾气呢，后来渐渐地发现，这是他的习惯，这说明他关车门一直如此。约翰先生是这家知名汽车公司的高层人员，平时坐的一定是他们公司生产的好车。他重重关上车门习惯的养成，是因为他们生产的轿车车门用上一段时间后就不容易关牢，易出现质量问题。好车尚且如此，一般的车辆就可想而知了……我们把轿车和附件给他们生产，成本或许会降低不少，但这不等于在砸我们自己的牌子吗？请董事长三思……"

约翰先生没有注意关门这样一个细节，丢掉了一桩大生意。而冈田注意到一个细节，为公司避免了可能遭受的重大损失。一个关车门的动作，可谓微不足道，相信不管是在生活中还是工作中，都没有人会注意它，但恰恰是这种别人眼里的微不足道的小事，被冈田抓到了，并通过进一步的细致分析，揭示了这一习惯性动作背后可能隐藏的深层问题。

"细节"是一种细小的环节或情节，既然小就不易为人们所见、所重视。古人云"勿以善小而不为"，其小者，亦有此"细节"之含义。

没有细就没有严格要求，没有细就不能深入实际，没有细，一切工作都难以得到落实。想得细、做得实、想得透，从大处着眼，从小处入手是每一个优秀员工必须具备的素质。

2

高度负责，工作要经得起检验

海尔集团主席张瑞敏说，把每一件简单的事做好就是不简单，
把每一件平凡的事做好就是不平凡。

“工作经得起子孙万代的检查”，这是大庆人社会责任感和求实精神的具体表现。无论是集中会战，还是分散作业，大庆人都坚持“好字当头，质量第一”，做什么事情都要让人信得过，不马虎、不凑合。为了使“工作经得起子孙万代的检查”，大庆职工在工作中还坚持进行自我检查、相互检查和专项检查，坚持有错就改、有偏就纠，保证做出的事情过得硬。

责任有多大，事业才有多大。无论在哪个岗位上，都要牢记自己的责任，认识到自己所处位置的重要性，这就是高度的责任感。它能唤起企业每个人的工作热情和团队精神，从而达到企业的既定目标。当一个人在心中形成了责任感时，他就能自觉地意识到自己所担负的责任，有了自觉的责任意识之后，才会产生积极、圆满的工作效果，整个队伍才是一支优秀的团队。

石油会战时期，广泛流传着一件“一公分见精神”的事情，直到今天，这件事大庆人仍铭记在心。

事情发生在 1963 年 6 月 14 日凌晨，射孔中队值夜班的共青团员、助理技术员金世英接到大队转来的一份射孔测井图。经过认真查对，发现上面标的井口四通高度是 43 公分，比惯常的四通高度少了 1 公分，这时他想：“射孔虽然允许有一定的误差，但那是在地下真正无法防止的情况下才允许的。而这 1 公分可能的误差是在地面上，不能马虎，一定要搞清楚。”

金世英不顾工作了一天又值了一个夜班的疲劳，立即到大队调度室去查对井号和射孔时间。这时才得知作业队已经上井，这口井当天就要射孔。他心里更着急了，赶紧又跑到地质室叫醒地质员，出射孔设计书和汇报记录本，查出测这口井的是测井七队。但这个队了解情况的人也到井上去了。

跑完这几个单位，已是早上 8 点钟了。一天一夜没合眼的金世英饥饿又疲惫，但他并没有就此停止。他转身又立刻带上图纸和卷尺，徒步赶到井场。这时射孔工作已经就绪，他说明了情况，在其他同志的帮助下，立即对井口四通进行实地测量，实测结果是 44 公分。就这样，金世英先后跑了 6 个单位，询问了 9 个人，往返奔波了 40 多公里，连续工作了 30 多个小时，终于消灭了这 1 公分射孔深度的差错。

大庆人对工作高度负责的精神在金世英的身上得到了完美的体现。

对于手头工作和自己的行为百分之百负责的人，更愿意花时间去研究各种机会和可能性，因而更值得信赖，也能由此获得别人更多的尊敬。与此同时，他也获得了掌控自己命运的能力，这些将加倍补偿他为承担百分之百责任而付出的额外努力、耐心和辛劳。

所以，任何一位组织成员，都应该把组织所提出的光辉前景、理想和目标，当作自己的前景、目标来追求；都应该把组织所描绘的蓝图，当作自己的蓝图来描绘；都应该把组织制订的计划、措施，当作自己肩负的责任来实施；都应该把组织制定的规章制度当作对自己的严格要求来遵守，而不能事不关己，高高挂起。

有了这种责任意识，我们才能不折不扣地完成组织所部署的各项任务，才能不畏一切艰难险阻，做好组织所分配的每一项工作，才能保证做出的事情过得硬，“经得起子孙万代的检查”。

3

再困难的事，也怕认真二字

世界上有两个词最可怕，一个叫认真，一个叫执着，
认真的人改变自己，执着的人改变命运。

第二次世界大战后，由于戴明的宣扬，日本兴起质量管理运动，提出“零缺陷”的概念。传统的观念认为，质量管理的目的是把错误减至最少，这本身就是一个错误。努力的目标应该是第一次就把事情完全做好，达到完美无缺。公司中每个人的岗位都是至关重要的，任何一个地方出了疏漏，都可能会导致整个企业“沉船”，因此我们应当认真负责地做好自己的工作，杜绝任何微小错误的发生。

第二次世界大战中期，美国空军和降落伞制造商之间发生了分歧，因为降落伞的安全性能不够。

事实上，通过努力，降落伞的合格率已经提高到99.9%了，但军方要求达到100%，因为如果只达到99.9%，就意味着每1000个跳伞士兵中，会有一个因为降落伞的质量问题而送命。

但是，降落伞商却不以为然，他们认为99.9%就已经够好了，世界上没有绝对的完美，根本不可能达到100%的合格率。

军方在交涉不成功时，改变了质量检查办法，他们从厂商前一周交货的降落伞中随机挑出一个，让厂商负责人装备上身后，亲自从飞机上往下跳。这时，厂商才意识到100%合格率的重要性，奇迹很快就出现了，降落伞的合格率一下子达到了100%。

任何一件事情，无论它有多么艰难，只要你认真去做，全力以赴去做，

就能够做到。

我国神舟飞船试验圆满成功就很好地说明了这一点。

神舟飞船是一个系统工程，需要我国无数科研工作者的综合努力，载人航天工程办公室统计出的一系列数据便很能说明问题：

直接参与载人航天工程研制工作的研究所、基地、研究院一级的单位就有 110 多个；

配合参与这项工程的单位则有 3000 多个；

涉及的科研工作者有 10 多万人；

运载火箭有 20 多万个零部件；

火箭和飞船等上天产品有 10 多万个元器件；

飞船系统有 70 多万条计算程序。

从“神舟一号”到“神舟六号”，在我国载人航天工程所创造的奇迹般的辉煌中，凝聚着亿万人的汗水和心血，这正是我国科研人员责任心、凝聚力、协作精神、创新精神的总体展示。

在从研制到发射的整个过程中，我们的科学家就已经把千万种失败的可能排除在外，这要求必须以强烈的责任心把握好每一个细枝末节。

载人飞船，除了对各种系统、零部件有极高的要求外，对航天员的要求也同样严格。他们不仅要有过硬的身体素质、心理素质和精神状态，还必须有细致负责的工作作风。

神舟飞船从发射升空进入轨道、变轨控制、轨道维持到返回调姿、轨返分离、打开降落伞、安全着陆，飞行程序指令有上千条，需要航天员直接操控的有 100 多次；从穿脱航天服、进行科研试验到操控各类设备仪器、启用生活料理产品，各种操作动作累计上万项，记述这些动作的飞行手册累计达 40 万字，在此过程中不能有丝毫差错，没有真正细致负责的精神，是无论如何也不能做到位的。在“神六”飞天的整个过程中，我国优秀的航天员费俊龙、聂海胜配合得十分默契，充分体现了认真细致的工作精神。这种认真负责、确保工作万无一失的精神在我们的工作中也是十分可贵的。

在竞争日趋激烈的市场大潮中，产品质量关系着企业的存亡和兴衰，而责任可以保证完美无缺的结果，可以制造零缺陷的产品，因此，无论在什么岗位上，我们都应当努力对自己的工作认真负责，不放过任何一个可能在工作中出现的错误。

4

做精益求精的执行者

使人疲惫的不是远方的高山，
而是鞋子里的一粒沙子。

凡事用心做和用手做结果完全是不同的。用手做只是完成，用心做才能完美。

“用心去做”是员工最起码的工作态度，也是职场最基本的要求。你可以能力低于别人，但如果你连用心工作都做不到，那么你的工作是存在风险的，职位也是不牢固的。一个用心工作的人，凡事都能尽心尽力，这样的员工才是备受管理者青睐的，也是最有前途的。

做事情只是做到“差不多”就止步，或者甚至就半途而废的人，说明他根本就没有“用心”做事，更表明他是一个不负责任的人。每个人都渴望自己得到提升，得到成长，可是以敷衍了事、马马虎虎的态度工作，他的价值是体现不出来的。任何的敷衍可能一时欺骗得了别人，但永远也无法欺骗自己的能力和前途。

不管做什么事情，一定要用心做好，即使是一件很小的事情，也不可轻视。不甘做小事，总希望做一番大事，会导致“小事不愿做，大事做不好”的局面。其实，凡做成大事者，无不起始于做小事。凡事都是从最简单、最基础的事情做起，小事做不好，大事也做不来。把每一件简单的事做好，就能够掌握全局、统领全局。作为组织的一员，把自己岗位上的每一件事用心做好、做到位就意味着成功。

汤姆·布兰德，起初只是美国福特汽车公司一个制造厂的杂工，就是在做好每一件小事中获得了极大成长，最后成为福特公司最年轻的总领班。在有“汽车王国”之称的福特公司里，32 岁就升任总领班的职位，的确不是一件太简单的事。他是如何实现了如此困难的晋升呢？

汤姆是在 20 岁时进入工厂的。一开始工作，他就对工厂的生产情形做了一次全盘的了解。他知道一部汽车由制造零件到装配出厂，大约要经过 13 个部门的合作，而每一个部门的工作性质都不同。

他当时就想：既然自己要在汽车制造这一行做点事业，必须要对汽车的全部制造过程都能有深刻的了解。于是，他主动要求从最基层的杂工做起。杂工不属于正式工人，也没有固定的工作场所，哪里有零星工作就要到哪里去。汤姆通过这项工作，和工厂的各部门都有接触，对各部门的工作性质也有了初步的了解。

在当了一年半的杂工之后，汤姆申请调到汽车椅垫部工作。不久，他就把制椅垫的手艺学会了。后来又申请调到点焊部、车身部、喷漆部、车床部去工作。不到 5 年的时间，他几乎把这个厂的各部门工作都做过了，最后他决定申请到装配线上去工作。

汤姆的父亲对儿子的举动十分不解，他质问汤姆：“你工作已经 5 年了，总是做些焊接、刷漆、制造零件的小事，恐怕会耽误前途吧？”

“爸爸，你不明白。”汤姆笑着说，“我并不急于当某一部门的小工头。我以整个工厂为工作的目标，所以必须花点时间去了解整个工作流程。我是把现有的时间做最有价值的利用，我要学的不仅仅是一个汽车椅垫如何做，而是整辆汽车是如何制造的。”

当汤姆确认自己已经具备管理者的素质时，他决定在装配线上崭露头角。汤姆在其他部门干过，懂得各种零件的制造情形，也能分辨零件的优劣，这为他的装配工作增加了不少便利，没有多久，他就成了装配线上的灵魂人物。很快，他就升为领班，并逐步成为15位领班的总领班。如果一切顺利，他将在一两年内升到经理的职位。

不要对细节不屑一顾，虽然它平凡而细小，但它的作用是不可估量的。在细节上下苦功夫，用心对待每个细节、做好每件小事，就能聚沙成塔，汇溪成海。拿出你所有的细心和耐心对待工作中的每一件琐事，不放松对自己的要求，尽心尽力、一丝不苟、安心工作，把做小事作为锻炼自己、深入了解公司情况、加强公司业务知识、熟悉工作内容的机会，就能不断成长。

不要考虑自己做的是什么工作，而要考虑应该以什么样的态度来对待自己的工作。在工作中你只要把每一件事情都能用心去做，就能做到最好，如果能做到最好，就不要允许自己只做到次好；能完成100%，就不能只完成99%。

学着去爱你眼下的工作！也许你可能不喜欢你眼下的工作，甚至让你感到了厌烦，但你要记住，这并不是领导者或公司的错，需要改变的是你自己。只有爱工作，你才会用心去做。

伏尔泰说："使人疲惫的不是远方的高山，而是鞋子里的一粒沙子。"美国质量管理专家菲利普·克劳斯比说："一个由数以百万计的个人行动所构成的公司经不起其中1%或2%的行动偏离正轨。"大量成功和失败的企业案例都证明：我们不缺乏雄才伟略的战略家，缺少的是精益求精的执行者。

对待每一项工作，无论它在我们眼里多么的微不足道，我们都应该尽力去做，使出浑身的力气与机智，谋划出最好的办事方法。只有这样，我们才可能成为企业的优秀员工，行业里的佼佼者。

5

忽视小错的风险，就会犯大错

有许多“大错”都是由“小错”引发的，
但我们常常低估了“小错”的风险。

有一则报道，浙江某地一千吨出口冻虾被欧洲的商家退货并索赔，厂家损失惨重。退货的原因是商家从这些冻虾中查出了0.2克氯霉素。0.2克是个什么概念？也就是说氯霉素含量占被查冻虾总量的五十亿分之一。冻虾中何以存在氯霉素？原来，有的剥虾工人因长时间与冻虾接触，造成手指奇痒难耐，于是用含有氯霉素的消毒水止痒，结果污染了冻虾。对此，有的人认为是商家对食品质量要求过于苛刻，吹毛求疵，故意刁难。但反过来看，这个错误原本是完全可以避免的。能预见而没有预见，产生问题的其实是自己。

百分之一的错误就可能导致百分之百的失败。正是从这个意义上说，错误无大小。

美国历史上有一次探月失败就是因为一节电池的问题。当时飞船已经到达月球却无法着陆。原来是一节价值仅30美元的电池有故障。工程人员由于在检查飞船的时候重点检查了关键部位而把它忽略了。就是因为这样一节电池，浪费了几十亿美元的费用。一些员工总认为细节是小事，无碍大局，形成了做事马虎草率、放纵细枝末节的作风，结果往往酿成大错，小问题转化成大问题，教训不可谓不深，值得人们深思。

对我们大多数人而言，工作都是由一件件小事构成的。士兵每天所做的工作就是队列训练、战术操练、巡逻、擦拭枪械等；饭店服务业每天的工作就是对顾客微笑、回答顾客的问题、打扫房间、整理床单等。你每天所做的可能就是接听电话、整理报表、绘制图纸……

当我们在工作中出现错误的时候，可能都是很小的错误，甚至有一些错误完全可能被忽略掉。所以很多时候我们都没有承认自己的错误，担负起自己的责任。我们心里想着，如果犯了严重的错误，我一定会承认的，这么小的一点事情就没必要那么认真了吧。如果你真是这样想的，那就错了。

如果你去了解一些成功人士，就会发现，他们都有一个共同的认识：工作无小错。

哈尔·尼达姆是一个裁缝。一年前他离开了师父，开了一家属于自己的缝衣店。他的手工活做得好，价格又便宜，附近的人都到他那里做衣服，所以他每天都很忙。

有一次，一位老妇人到他店里定作了一套礼服。等哈尔·尼达姆做完的时候发现袖子比老妇人定的长了半寸。老妇人很快就会来取这套礼服的。哈尔·尼达姆已经没有时间去修改衣服了。不久老妇人来到了哈尔·尼达姆的店中。她穿上了礼服，在镜子前照来照去，对哈尔·尼达姆的手艺大加赞赏。

就在她要付钱的时候，哈尔·尼达姆说："夫人，我不能收您的钱。很抱歉，我把礼服的袖子做长了半寸。如果你能再给我一点时间，我会把它修改一下的。"老妇人马上就要穿着礼服去参加一个晚会，所以哈尔·尼达姆已经没有时间了。老妇人表示她对礼服很满意，她准备付钱离开了。尽管她不介意那半寸之差，但哈尔·尼达姆无论如何也不肯收老妇人的钱。正是哈尔·尼达姆这种勇于承认、承担责任、一丝不苟的工作态度使他后来成为一名世界闻名的高级服装设计大师。

哈尔·尼达姆没有因为错误小就放过，而是认真对待。正是这种态度让他取得了成功。

很多人在工作中好高骛远，不能踏踏实实地做事。工作中出现一些小问题也不愿深究，得过且过。天长日久，等出现大的错误时，他们早已经习惯逃避责任了。这样的人怎么可能在事业上取得成功呢？这样的员工又怎会得到赏识呢？

小错误也会引起严重后果的，千万不要因为错误的微小而忽视它。

6

小事折射出做人的境界

惠普公司创始人戴维说，
小事成就大事，细节成就完美。

企业要生存、要发展，靠什么？靠人，靠高素质的员工。只有员工的素质提高了，企业的综合效益才能增长，只有管理人员的素质提高了，企业的整体管理水平和执行力才能提升。

员工素质包括三个方面：知识、技能和态度。通俗地说就是：知不知道做、会不会做和愿不愿意做。

举个例子来说。假如公司走廊上有一张废纸，一名员工从这里经过。下面我们来检验这名员工的素质。

情况一：如果这名员工未受过任何教育，而且在他看来废纸躺在走廊上很正常，那么他不会去拣这张废纸。因为他不具备这种素质。

情况二：即使这名员工知道要把废纸拣到垃圾桶，但是他双手残疾，那么他也不会拣这张废纸。因为他不具备这方面的技能。

情况三：就算这名员工既具备这方面的知识又具备这方面的技能，可是他不愿意去做，那他还是不会去拣这张废纸。因为他不具备这种态度。我们可以很清楚地看到，要提升员工素质，知识、技能和态度缺一不可。

我们往往从一件小事上就能看出一个员工的内在素质。

一家公司正在招聘员工，不少人前来应聘，个个看起来精明干练。应聘者轮流进去面试，每个人看起来都胸有成竹。面试只有一道题，就是谈谈自己对责任的理解。对于这个问题，很多应聘者都认为简单得不能再简单。

然而结果却让每个应聘的人大跌眼镜，他们之中谁都没有被录用。难道这家企业成心不想招人？

“其实，我们也非常遗憾。我们很欣赏各位的聪明才智，你们对问题的分析也十分透彻，语言简洁流畅，各位考官非常满意。但是，我们这次考试不是一道题，而是两道，可惜的是，另外一道你们都没有作答。”经理说。

大家吃惊地问：“还有一道题？”

“对，还有一道，你们看到躺在门边的那个笤帚了吗？有人直接从上面跨过去，有的甚至往旁边踢了一下，却没有一个人把它扶起来。”

“对责任的长篇大论远不如做一件负责的小事，后者更能体现出你的责任感。”经理最后说。应聘者顿时羞愧难当。

这位经理的挑剔不无道理，因为没有哪位领导者会对没有责任意识的员工给予重用。

细微之处见责任，小事折射员工的做人境界，体现着员工对公司的忠诚度。

如今，有些年轻人眼高手低，小事不愿做，大事做不来。所以有人这样描述这一现象：“能做大事的人很少，不愿做小事的人极多。”年轻人要有理想，要有干大事的雄心，这固然是好事，但要从小事做起，要有把小事做细的决心和毅力。

东京一家贸易公司有一位女职员专门负责为客商购车票。她经常给一家德国大公司的商务经理购买来往于东京、大阪之间的火车票。时间长了，这位经理发现一个规律：每次去大阪时，座位总是在右窗边，返回东京时又总是在左窗边。

德国经理便询问其中的原因所在。女职员笑着答道：“车去大阪时，富士山在您右边，返回东京时，富士山已到了您的左边。我考虑到外国人都喜欢富士山的壮丽景色，所以我替您买了不同的车票。”

正是这种对待细节也十分负责的态度，使这位德国经理深受感动，促使他把对这家日本公司的贸易额由400万马克提高到1200万马克。他觉得在这样一个微不足道的细节上这家公司的职员都能够想得如此周到，那么，跟他们做生意还有什么不放心的呢？

在产品和服务越来越精细化的今天，细节的尽善尽美是企业竞争的有力武器。某公司的墙上贴着这样一句格言：“苛求细节的完美。”如果每个人都能秉承这样的理念，自身素质无疑会有大幅度的提高，也会避免很多失误与挫折。恪尽职守就要求认真对待每一件小事，把寻常的事做得不寻常。

7

事业无大小，先把小事做到位

著名教育家陶行知先生说，
本来事业并无大小，大事小做，大事变成小事；
小事大做，则小事变成大事。

或许有人会说：“我的工作太琐碎，既体现不出才华，也发挥不了什么能力。”

这就是借口。著名教育家陶行知先生说：“本来事业并无大小，大事小做，大事变成小事；小事大做，则小事变成大事。”

如果我们总想着“我不行”，那即使处在重要的位置上也不可能把工作做好；如果我们能想着“我可以”“我能行”“我真棒”，那即使是不起眼的工作也可以展现出能力，并成为发展的跳板。

一个大学刚毕业的女孩，被分配到一家报社，本以为自己可以一进去就当记者，但万万没有想到，领导让她做的工作居然是到通联部抄信封！

“抄信封这种工作，只要是会写字的都能干，我大学苦读四年难道就是为了干这种工作吗？领导也太瞧不起人了！”

换了一般人，没准一生气干脆就辞职不干了。

刚开始的时候，女孩也有点想不通，但她又想：既然领导这么安排，肯定有他的考虑，或许这份工作正好缺人。抱着这样的心理，她没有抱怨，而是认真地把领导交代的工作做好。三个月后，她一个人就能完成三个人的工作量。

她的表现被领导看在眼里，觉得这个女孩真不错，别人不屑一顾的工作能做得如此出色，如果给她更重要的位置，一定可以做得更好。于是，领导重新安排了她的工作，在此之后，她先后担任了文摘版、理论版和副刊的编辑……

这个把毫不起眼的工作做得与众不同的女孩，就是被广大观众所喜爱的央视著名主持人——王小丫。

或许我们每个人都曾经有过和王小丫类似的经历：当我们经验不足、能力还没有被认可的时候，分派给我们的是最不起眼的工作，这样的工作与我们的期望有着巨大的落差。这样的时候，我们往往容易消极怠工，苦闷，彷徨，觉得没有出路，甚至一走了之，并给自己找一个冠冕堂皇的借口：“此处不留人，自有留人处！”

可问题是，你真的是“人才”吗？还是你认为自己是“人才”，而别人却并没有感觉到呢？

这个问题没搞清楚，就算是再多换几个地方，只怕还是一肚子的怨气：像我这样的千里马，怎么到哪里都找不到伯乐！

不妨想想王小丫的经历，单位还是那个单位，领导还是那个领导，这些都没有变，但为什么仅仅隔了三个月的时间，机会却不一样了呢？伯乐其实一直都在那里，关键是你有没有让人看到你作为千里马的潜质。

机会不在外面，而在自己手中。与其把时间浪费在盲目的选择上，不如沉下心来，把手边的工作做好，哪怕是最简单的工作。

达·芬奇的名作《最后的晚餐》享誉世界，但是你可能不清楚，最开始的时候，请达·芬奇画这幅画不过是为了给圣玛丽亚修道院的一个饭厅作装饰。

就算是一个最普通的三流画家都可以完成这件工作，况且，谁也不会期待在饭厅的墙壁上看到什么绝世佳作。然而达·芬奇却没有看轻这项工作，他以自己一贯慎重的态度，夜以继日地完成了这幅作品。

结果这幅画震惊了全世界，名不见经传的圣玛丽亚修道院因此名声大震，而默默无闻的达·芬奇也因此名垂青史。

机会不是想来的，也不是抱怨来的。越给自己找借口，就越没有机会。连一件小事都做不好的人，怎么可能做好大事？换了你是领导，你愿意把机会交给一个做任何事情都敷衍了事的人吗？

与其去羡慕别人有好的机会，与其以“我可是干大事的人”为借口，不如把手边的小事情做到极致，做到“放光”，自然就会有更多的机会！

8

把做细做实培养成一种习惯

习惯不是天生的，
而是在后天的环境中养成的。

一家用人单位在招聘员工时，有意将一本书放置在应聘者进门就能看到的地面上，然而这一细节却没有引起众多应聘者的注意，他们大多视而不见，只有一位应聘者将书拾起，并因为这一细节而成为此次应聘者中唯一被录用者。

细节虽然反映的是一种习惯，但好的习惯无疑折射出一个人的素养，而素养关键时刻却决定着一个人的成败，特别是在竞争日益激烈的今天，细节已逐渐成为衡量一个人素质的重要标准。尽管“千里之堤，溃于蚁穴”“天下难事，必成于易；天下大事，必作于细”之类的道理，人们已是耳熟能详，对细节的重要性也有非常深刻的认识，然而能够真正做到的人却不多。培养注重细节的习惯，是个人与企业共同发展的必然要求，我们可以从以下几方面着手去培养：

（1）改变观念。不注重细节的人，在日常工作中往往对其他注重细节的人和事也不会正确对待，比如，他们会给精打细算的人冠以“斤斤计较、小家子气”的称谓，对善意的提醒会恶语相向，对关系自己生命安全的问题却常抱有侥幸心理，这都是主观上未对细节重视的行为体现。只有在思想上对细节足够重视了，才能严格要求自己的行为。因此，要成为优秀员工，首先要改变旧观念，提倡细节决定成败的观念。

（2）重在坚持。细节是一种思维与行动意识的高效组合。谁都想做好每件事，但有的人就是做不好，一件事不是这里出错就是那里出错。不能说他们不努力，但问题就是发生了，原因就是没有坚持细节习惯的培养：一段时间做到了认真执着，一段时间又懒散松懈，做事有头无尾，总是半途而废，这样就无法真正养成注重细节的好习惯。

培养习惯是经过“曲不离口，拳不离手”，经过“韦编三绝”，最终实现“百炼成钢”的一个过程。每一个成功者所具备的成功品质与能力，都是由无数个细节习惯的积累而成的。因此，一旦养成良好的细节习惯，就不会再被刻意坚持好习惯与纠正坏习惯的矛盾心情所累，相反那种水到渠成、收放自如的自控能力会让你于轻轻松松中胜人一筹。

（3）从点滴小事做起。细节存在于我们身边的每一件小事之中。严格遵守工作时间，上班不要迟到，下班时不早退，不因私事影响工作，良好的工作态度是细节；节约一滴水、一张纸、一度电，养成随手关灯、关门窗的习惯是细节；所出具的数据、撰写的文章、产品的工艺指标都做到没有差错是细节；对经手的事，从时间、地点的确定，到准备什么、如何应对都有全盘考虑是细节；生活中对同事、朋友的一句问候、一声劝勉，累时端上一把椅子，渴时递上一杯水是细节；生产中减少跑、冒、滴、漏，实现安全无事故、设备无故障、装置长周期运行是细节；对每一个工艺指标的变化，每一台设备的维护及运行情况都做到心中有数，这些都是细节。当养成关注细节的习惯后，你就会发现，无论待人接物，还是工作进展，都会顺手许多，效率也会大大提高。

（4）培养自我控制的能力。每个人都兼具感性与理性，对大小琐事都想用理智做衡量是不可能的。人的大部分行为都是以感情为出发点的，这是人性真实的一面。通常因为别人的一句话便耿耿于怀，动辄勃然大怒，血液充满脑部，根本无法自我控制，等到情绪过后，才懊悔当初，这是一般人的通病。因个人某方面致命的弱点或缺陷而归于失败的人不在少数。这样的人，一定要培养自我控制的能力，克服浮躁的情绪。要经常想到自己的弱点、自己的不足，既要自我崇尚、有信心，更要自我检查、随时修正，不断地自我完善、自我提高。只有能自我克制的人，才能不为外界环境所左右，静下心来的时候才能更加做好细节的小事。

（5）训练集中注意力的能力。一个人想同时追两只兔子，最后只会一无所获。有道是“十年磨一剑”，中国古代的铸剑师为了铸成一把好剑，必须在深山中潜心打造十几年。可见，专注能够保证工作效率的最大发挥。你必须远离那些使你分散注意力的事情，集中精力选准主攻目标，专心致志地做好每一件小事，这样才可能取得成功。

（6）对自己一定要“苛刻”。养成任何好习惯，都要从严要求自己。每天做好工作计划，准备好备忘录，事无巨细一件一件地完成。正如人们所说的，完成一件小事比计划中的大事更有效。对上级下达的工作任务，要身先士卒，争取每一件事情都做到位，不能敷衍了事。只有在一系列细枝末节上对自己严格要求，才能在不知不觉中让一直困扰自己的粗心大意的毛病渐渐地销声匿迹。

9

职场中要注意的细枝末节

不要怨天尤人，不要守株待兔，
更不要寄希望于机会。

在工作中，一些小细节往往影响着个人形象、工作效率和结果，下面列举一些需要着重注意的事项，为职场人管理自我提供参考：

（1）不要在领导不在的时间偷懒，你手头被打了折扣的工作绩效迟早会将你的所作所为暴露无遗。

（2）不要将个人的情绪发泄到公司的客户身上，哪怕是在电话里。在拿起电话前，先让自己冷静一下，然后用适当的问候语去接听办公桌上的电话。

（3）工作时间不要与同事喋喋不休，这样做只能造成两个影响，一是那个喋喋不休的人觉得你也很清闲，二是别人觉得你俩都很清闲。

（4）不要将公司的财物带回家，哪怕是一把废弃的椅子或一个鼠标垫。

（5）不做夸张的装扮，工作场合远离半尺厚的松糕鞋与有孔的牛仔裤，否则你的这种装扮让别人无法集中精神，也制造出与业务极不相称的气氛。

（6）不要仅为赚取更多的钱，就为公司的竞争对手做兼职。更不要为了私利，就将公司的机密外泄，这是一种职场上的不忠，员工之大忌。

（7）不要淹没在电子邮件中，除非你正在等一个很重要的东西，否则没有必要立即或时时刻刻阅读邮件。预留一段时间，一次性做出处理。

（8）不要每日都是一张苦瓜脸，要试着从工作中找寻乐趣，从你的职业中找出令你感兴趣的工作方式并尝试多做一点。试着多一点热忱，你将会从工作中得到更多乐趣。

（9）不要推脱一些你认为冗长及不重要的工作，要知道，你所有的贡献与努力都是不会被永远忽略的。

（10）不要忘记工作的满足感来自一贯的表现，因此要不断充实自己的专业知识，为公司整体利益做出直接贡献。

（11）不要一到下班时间就消失得无影无踪，如果你未能在下班前将问题解决好，那你必须让人知道。如果你不能继续留下来帮忙，那你应于抵家后打电话回公司看看事情是否已得到控制。就算是平常的日子，在离开公司之前，向你的主管打声招呼也是好的。

（12）不要提交一份连你自己都不想收到的报告，更不要言之无物，因为你不只有填写报告的义务，同时也有提出改善意见的责任。

（13）不要言而无信，否则会让所有与你工作上有关系的人都生活在惶恐之中。

（14）不要只是一味等候或按照别人的吩咐做事，觉得自己没有负责任，因此出了错也不用受到谴责。这样的心态只能让人觉得你目光短浅，并永不将你列为升迁之列。

（15）冒领功劳等于制造敌人，若你因一个不属于自己的成绩而受到称赞，那么你就坦白地讲出来。

（16）不要在上司说些不好笑的笑话时开怀大笑，应明白上司需要一个有创意、有热忱的工作者远远胜过一个应声虫。

（17）不要把办公室家庭化，这是不专业的表现。

（18）不要在工作时间打私人电话，如果必要，请用自己的手机打。

（19）不要滥请病假，应考虑到自己缺席给他人带来的影响，如真的需要请假，请一定如实申报。

第三章

积极探索，解决问题

工作不在于你怎么做，起决定作用的是你怎么想。一个人有什么样的思维就会有什么样的行为，即思维决定行动。一个善于和勤于思考的人，总是能找到完成工作和克服困难的最好办法。这样的人，必将成为团队或企业的中坚力量。

1

一流员工找方法，末流员工找借口

没有口水与汗水，
就没有成功的泪水。

职场中，哪一种员工在领导的心中最有分量？哪一种员工最能脱颖而出呢？回答无一例外：就是积极找方法解决问题和困难的员工。为什么人们如此认可主动找方法的员工呢？因为只有积极找方法，才能最好地出效益；只有积极找方法的人，才能弥补领导者的不足，成为他们的有力助手。

有位管理者讲述了自己的故事。

几年前，他在一家建筑材料公司当业务员。当时公司最大的问题是如何讨账。产品不错，销路也不错，但产品销出去后，总是无法及时收到货款。

有一位客户，买了公司十万元产品，但总是以各种理由迟迟不肯付款，公司派了三批人去讨账，都没能拿到货款。当时他刚到公司上班不久，就和另外一位姓张的员工一起，被派去讨账。他们软磨硬缠，想尽了办法。最后，客户终于同意给钱，叫他们过两天来拿。

两天后他们赶去，对方给了一张十万元的现金支票。

他们高高兴兴地拿着支票到银行取钱，结果却被告知，账上只有九万九千九百元。很明显，对方又耍了个花招，他们给的是一张无法兑现的支票。第二天就要放春节假了，如果不及时拿到钱，不知又要拖延多久。

遇到这种情况，一般人可能会一筹莫展或选择去对方公司说理。但是他却突然灵机一动，拿出一百元钱让同去的小张存到客户公司的账户里去。这一来，账户里就有了十万元。他立即将支票兑了现。

当他带着这十万元回到公司时，董事长对他大加赞赏。之后，他在公司不断发展，5年之后当上了公司的副总经理，后来又当上了总经理。

与此相反，另外一位管理者的故事，可以让我们对员工素质的问题，从另一个角度进行深刻的思考。

这位管理者曾经招聘过一位员工，但没想到，还不到半个月时间，他就不得不把她辞退了。那位员工是一位刚毕业的大学生，学识不错，形象也很好，但有一个明显的毛病：做事不认真，遇到问题总是找借口搪塞。

刚开始上班时大家对她印象还不错。但没过几天，她就开始迟到，办公室领导几次向她提出，她总是找这样或那样的借口来解释。

一天，领导安排她去一个单位送材料，要跑三个地方，结果她仅仅跑了一个就回来了。领导问她怎么回事，她解释说："那里好大啊，我在传达室问了几次，才问到一个地方。"

领导很生气："这三个单位都是著名的单位，你跑了一下午，怎么会只找到这一个单位呢？"

她急着辩解："我真的去找了，不信你去问传达室的人！"

领导心里更气了。

其他员工好心地帮她出主意：你可以找总机问问三个单位的电话，然后分别联系，问好具体怎么走再去；你不是找到了其中的一个单位吗？你可以向他们询问其他两家怎么走；你还可以在进去之后，问问路人……

谁知她一点也不理会同事的好心，反而气鼓鼓地说："反正我已经尽力了！"

就在这一瞬间，这位管理者下了辞退她的决心：既然这已经是你尽力之后达到的水平，想必你也不会有更高的水平了，那么只好请你离开公司了！

像这样遇到问题不是想办法解决而是找借口推诿的人，在职场中并不少见。而他们的命运也显而易见。找借口的人，是不会主动想办法解决问题的，哪怕有现成的办法摆在他面前，他也难以接受，这就是一流员工与末流员工的根本区别。

“只为成功找方法，不为失败找借口！”这是一流员工的宣言，有精神，有态度，有执着。是的，找理由为自己的失败辩解只会加倍失败，只有去找方法才会有成功。那么我们为何不选择找方法呢？

2

把问题看成是自己的机会

不要害怕问题。工作就是解决问题，
我们之所以有价值，就在于能够解决问题。

有一位画家，在大庭广众之下作画，当他快完成画时，旁边有一位小孩，不小心推倒了颜料瓶，颜料沾染了整张画。这位画家沉思良久后开始动手，耐心地把那些污点改画成一朵朵美丽的花，结果居然意外夺魁。裁判们一致认为，那些花朵成就了原本普通的画作。

工作中，我们不也经常遭遇像那位画家一样的麻烦或困境吗？静静地想一想，我们用了什么样的心态去处理呢？把画撕掉或怒责那个小孩，还是自认倒霉，重新再画一张……逃避问题，只会被问题所吞噬，我们都知道，危机或问题的内部，时常隐藏着成功的契机，只待我们用智慧去挖掘。我们常用顺境的梯子往上爬，却总是忘记借用逆境的助力向上升。

问题是一块很奇妙的石头，对不同人呈现不同的形状。在失败者面前，它是“绊脚石”，让他在工作与生活中栽一个又一个跟斗，或者让他止步不前。在成功者面前，它是“垫脚石”，让他在收获胜利的同时，又踏上新的成功起点。

任何人只要不以问题的难为借口躲避，而是全力以赴地向问题发起挑战，甚至把困难和问题当成最好的机会，再难的问题也能解决，当初的“绊脚石”就能变为“垫脚石”。

然而，面对问题时，总有些人会找出各种冠冕堂皇的理由：“困难太大了，没法解决”“条件不够，无法做到”……可耐人寻味的是：就在他们不断强调这些理由的时候，同样的问题，却被不讲这些理由的人解决了。这说明了什么？只要努力寻找方法，不管多难的问题都可以解决！优秀的人面对问题和困难没有任何借口，是由于他们深刻地认识到：越能解决问题，越能体现自己的价值。

一位公司管理人员说过：一定要记住，我们就是为解决问题而聚集到公司来的，就是依靠解决问题而生存发展的，如果公司什么问题都没有要我们干什么？告诉大家，我们的问题永远都解决不完，今天的问题解决了，明天新的问题又出现了，当我们的眼界开阔了，目标远大了，标准提高了，我们发展遇到的问题就越多，问题的难度也越大！所以我们一定不能被这些问题所吓倒，而是应该想着怎么能解决掉这些问题，怎么迎接新的问题。我们每一个人都是解决方案的提供者！

只要是工作，就会有问题出现，我们解决问题的能力越大，就越能体现我们的工作价值。世上很多丰功伟业，都是从问题、危机、苦难甚至绝望中孕育出来的。所以我们不应该把一个机会看成是问题，反而应该把一个问题看成是机会。

3

提出问题是有效解决问题的前提

巴尔扎克说，
问号是开启一切科学之门的钥匙。

晚年的爱因斯坦在总结数十年科学生涯的经验后，感叹道："提出一个问题往往比解决一个问题更重要，解决一个问题也许仅是一个数学或实验上的技能而已，而提出新的问题、新的可能性，从新的角度去看旧的问题，却需要创造性的想象力，并标志着科学的真正进步。"

做科学研究如此，做普通工作也要如此。在进行一项工作时，我们要尽可能开动脑筋，多问几个为什么。有很多人是没有这样的意识的，他们做事情，领导怎么说他就怎么做，平时怎么做现在还怎么做。他们对工作本身的意义并不了解，也不愿意主动去了解、去思考，因此，很容易犯"教条主义"和"经验主义"的错误。

有些员工常常会向自己的上司抱怨："我就是按你说的做的呀，为什么你不满意呢？"他们不知道，上司的指令可能只是方向性的，具体怎么操作，得到什么样的结果需要你自己去思考和实践。知其然，你还得知其所以然，否则，看似按照命令行事，得到的结果却可能南辕北辙。

一次，领导打发一位员工去出版社送一部书稿，顺便把上次送去审查的书稿取回来。这个员工回来了，把取回的稿子交给领导，领导一看，编辑老师还没有审完。他生气地找来那个员工问道："为什么没审完的稿子也拿回来了？"员工辩解说："你不是让我把上次的稿子取回来吗？我就取回来了。"领导说："你怎么不想想，既然还没审完，取回来有什么用？你回来跟我说一声还没审完不就是了，现在搞得我还得去向编辑老师解释，不是我们主动要撤稿，是来取稿的人搞错了，你说这事闹得多尴尬？”员工嘟囔着说：“那你又不说清楚，我只是按你说的去做而已。”

这个员工在公司待的时间也不短了，一部书稿的操作程序他当然清楚，把稿子取回来是为什么，什么情况取什么情况不必取，他自己也应该有个基本的判断，没有必要上级替他把各种情况都想到。即便退一万步，自己没把握，打个电话回来问一声也并不困难，关键在于他并未用心想到这些。

看看，对工作不问个为什么，不想想它的本来目的，也就学不会变通，看似遵守命令，其实死板僵化，反而曲解了事情的本意，所以越做越错。这其实也可以算是一种“教条主义”。

还有一种错误叫“经验主义”——我原来一直就是这样做的，这些工作经验也是在实践中摸索出来并得到验证的，怎么会错？

经验当然是需要的，不管是从正面还是反面来说，都可以供我们借鉴参考，它是我们成就新的事业的基石。经验也往往是权威，神圣不可冒犯，因为它一贯正确，很少有人会去质疑它，也很少有人敢去质疑它。

但实际上，一贯正确并不代表永远正确，经验的正确性也会随着时间和环境的变化而产生变化。很多时候，我们以为经验可以帮助解决问题，而事实上却反而被经验困住了手脚。

有个人养了几只袋鼠，将它们关在一个1米高的围栏里。第二天这个人来看，袋鼠都已经跳出了围栏，在旁边的树丛中悠闲地散步呢。于是这个人将围栏又加高了一些，重新将袋鼠们关了进去。但第二天袋鼠又都跳了出来，这个人只好不停地将围栏加高。直到有一天，围栏加到了足有3米高，再也没有袋鼠跳出来了。这个人很高兴，心想你们再能跳，也还是有限的吧。

袋鼠们尝试了几次都失败后，渐渐地都放弃了跳出围栏的打算，也渐渐习惯了这种囚禁中的生活。过了一段时间，这个人又买来了几只新袋鼠，并照样修了一个3米高的围栏将它们关了起来。可是奇怪的事情发生了，同样是3米高的围栏却关不住这些新袋鼠。这个人以为可能是新袋鼠的跳跃能力太强，于是不得不又开始新一轮的加高围栏的行动。可是，即使这个人把围栏修到了五六米高，也还是无法阻止这些新袋鼠“越狱”。

那些每天被关在围栏里的袋鼠很惊讶，也很羡慕，于是问这些新袋鼠：“你们太棒了！照这样看，到底多高的围栏才能挡住你们？”新袋鼠说：“也许 10 米，也许 20 米……就是 100 米也说不定，假如那个人一直都忘了把围栏的门锁上的话。”

一心以为袋鼠能够跑出去就是因为围栏太矮了，于是不断加高，结果做的都是无用功，问题始终得不到解决。如果此时能够放弃原本的经验，从新的角度思考为什么，反而能轻松发现问题所在。

在工作中多问几个为什么，就能避免我们少走弯路，而一旦出了问题，我们也应该多问几个为什么，这样才能真正解决问题，而不只是暂时对付过去。

日本著名的丰田汽车公司，曾经用“十万个为什么”提问法，使机器停机的问题彻底得到了解决。

工厂有时候机器会停止工作，有一些是因为机器老化或者出了故障，但比较常见的却只是一些小问题，比如说，电闸的保险丝断了。保险丝断了，换上一根就是了，也花不了什么钱。可是对于大规模流水化作业的工厂来说，造成的损失却远远不止一根保险丝。它可能会导致一天的产量任务不能完成，可能会导致其他的一些岗位也不得不停下来等待……

有一天，丰田汽车公司一台生产配件的机器在生产期间突然停了，经检查，还是因为保险丝烧断了。正当一名工人拿出一根备用的保险丝准备去换的时候，一名管理者看到了这个情形，他决定进行一系列的提问来解决这个问题。

问：机器为什么不转动了？答：因为保险丝断了。问：保险丝为什么会断？答：因为超负荷而造成电流太大。问：为什么会超负荷？答：因为轴承不够润滑。问：为什么轴承不够润滑？答：因为油泵吸不上来润滑油。问：为什么油泵吸不上来油？答：因为抽油泵产生了严重的磨损。问：为什么油泵会产生严重的磨损？答：因为油泵未装过滤器而使铁屑混入。

事故的真正原因找到了，这样，在油泵上装上过滤器后，就再也不会造成机器超负荷运转了，也就不会经常地烧断保险丝，机器也就能够正常工作了。若当第一个“为什么”解决后就停止追问，认为问题已经得到解决，换上保险丝，那么不久保险丝还会断，因为问题没有得到根本解决。

在问为什么的过程中，我们至少能达到两个目的：第一，知道什么是已知的；第二，知道什么是未知的。在这个基础上，我们就能通过已知去解决未知，达到我们的既定目标，取得发展和成功。

巴尔扎克有句名言：问号是开启一切科学之间的钥匙。问题就是矛盾，有了需要解决的问题，才需要思考，工作才有主动性。思维是由矛盾引起的，问题是矛盾的表现形式，学习中提不出问题，是学习不深入的表现，能提出问题是肯于动脑的结果。现实生活中许多现象人们熟视无睹，而有人却善于观察，多问几个为什么，从而发现问题，在工作中有所创造。

4

不在于努力不够，而在于方法不对

良好的方法能使我们更好地发挥天赋的才能，
而拙劣的方法则可能妨碍才能的发挥。

很多员工带着满腔热情工作，竭尽全力，但结果仍然是不尽如人意。艰辛的付出之所以没能得到相应的回报，究其原因，就在于面对工作问题时，没有寻找到恰到好处的方法。

合适的方法才是解决问题的关键。做好这一点，需要你充分运用自身的洞察力，对工作中的每一个环节进行调查，这是认清问题的关键步骤。进而才可以对问题进行深入的分析，为解决问题找到方法。下面的几种思考方法可以为解决问题提供一些思路：

（1）类比法。类比法是从两个和两类对象具有某些相似或相同的属性的事实出发，推出其中一个对象可能具有另一个或另一类对象已经具有的其他属性的思维方法。类比在指导发明和解决问题时，是有很大的指引作用，但如果使用错了，就会适得其反。

庄子在《至乐》篇中讲了一个“鲁侯养鸟”的故事：鲁侯这个人喜欢人奉承，喜欢听音乐，而且喜欢喝酒吃肉。有一天一个人抓来了一只鸟送给他，他非常喜欢，于是用车子把它送到供祭祀用的庙堂里去，每天叫人给它演奏庄严肃穆的《九韶》乐曲，向它敬酒，给它吃肉，结果鸟不但没有养好，三天就死掉了。庄子叹息说，鲁侯是用养自己的办法养鸟，而不是用养鸟的办法养鸟。

（2）逆向法。逆向法就是从反面探究和解决问题的方法。很多时候，对问题只从一个角度去想，很可能进入死胡同，因为事实也许存在完全相反的可能；有时，问题实在很棘手，从正面无法解决。这时，假如探寻逆向方法，反倒会有出乎意料的结果。

创业最怕的就是总跟在人家后面走。如果这样，你得到的永远是残羹冷炙。不想跟着走，那该怎么办？办法只有两个：不是跑到人家前面去，就是与其背道而驰。如果你是一个脑筋转换特别灵活的人，那就不妨多去想想相反的路。

（3）侧面法。侧面法就是在思考问题时不从正面角度出发，而是从另外一个角度来思考和解决问题。

毛姆是英国著名作家。在他未成名前，生活很困窘，写的书卖不出去。后来，他想了一个办法，在一家最有名的报纸上登了一则广告：“本人是一位年轻有教养、爱好广泛的百万富翁，希望找一位与毛姆小说中的女主角一样的女性结婚。”毛姆的小说很快就被抢购一空。本来是卖书的事，结果却通过一则征婚广告来实现。这就是侧向思考的魅力！

（4）设身处地法。卡耐基曾用某家大礼堂讲课。有一天，他突然接到通知，租金要提高3倍。卡耐基前去与经理交涉。他说："我接到通知，有点震惊，不过这不怪你。如果我是你，我也会这么做。因为你是旅馆的经理，你的职责是使旅馆尽可能赢利。"紧接着，卡耐基为他算了一笔账，将礼堂用于办舞会、晚会，当然会获大利。但你撵走了我，也等于撵走了成千上万有文化的中层管理人员，而他们光顾贵旅社，是你花5000元也买不到的活广告。那么，哪样更有利呢？经理被他说服了。

卡耐基之所以成功地说服了经理，在于当他说"如果我是你，我也会这么做"时，他已经完全站到了经理的角度。接着，他站在经理的角度上算了一笔账，抓住了经理的兴奋点——盈利，使经理心甘情愿地接受卡耐基不涨租金的要求。

汽车大王福特说过一句话：假如有什么成功秘诀的话，就是设身处地替别人着想，了解别人的态度和观点。因为这样不但能得到你与对方的沟通和理解，而且更为清楚地了解了对方的思想轨迹及其中的"要害点"，从而做到有的放矢，击中"要害"。

（5）以退为进法。遇到困难与问题，应该百折不挠，不达目的誓不罢休。这是一种很好的精神。然而，具体解决难题的过程，并不是任何时候都要一味地往前冲，撞了南墙也不懂得回头。有时候，就得特别强调退。能进，也能退，这才是智慧的表现。

曾经有一位留美计算机博士学成后在当地找工作，他每天抱着博士证，进这个公司，去那个集团。在他看来，博士生就业标准自然要高。谁知，他四处碰壁，被各家公司拒之门外。想来想去，他决定收起各种学位证书，以一种最低身份去求职。

很快地，博士生被一家公司应聘为程序录入员。这件工作对他来说，堪称小菜一碟，但他吸取前几次找工作的教训，不敢马虎。不久，公司经理发现他能找出并纠正程序中的错误，这不是普通的程序员所能比的，他很快为他重新安排了工作。过了一段时间，经理发现他能经常提出一些有价值的建议，比其他员工要强得多，经过一番详谈后，经理发现了他的真实学历，对他的实际水平也有了更全面的认识，便毫不犹豫地重用了他。

这位博士生找工作的经历表明，后退一步曲线再进，也会如愿以偿。以退为进，也是一种解决困境的方式。

（6）相似联想法。所谓相似联想，即由此事物的某一特点，联想到彼事物相似的某一特点的过程。相似联想是进行创造性劳动经常使用的思维方法。

运用相似联想一个关键点就是寻找事物之间的共同点、相似点。世界上没有两片完全相同的树叶，同样，世界上也没有两片完全不同的树叶。任何两种事物或者观念之间，都有或多或少的相似点。一旦在思维中抓住了相似点，便能够把千差万别的事物联系起来思考，从而解决问题。

欧洲中世纪，古登堡发明了活版印刷机。据说，古登堡首先研究了硬币打印机，它能在金币上压出印痕。可惜印出的面积太小，没办法用来印书。接着，古登堡又看到了葡萄压榨机，那是两块上下相对的很大的平板，成串的葡萄放在两块板之间便能压出汁水。古登堡仔细比较了两种机械，从“求同视角”出发，把二者的长处结合起来，经过多次试验，终于发明了欧洲第一台活版印刷机，使长期被僧侣和贵族阶层所垄断的文化知识迅速传播到民间。

5

多提合理化建议

比尔·盖茨说，思考还要与实践相结合。
好的员工会合理、高效地利用时间，并为公司提出合理化建议。

微软公司欢迎员工给公司提出合理化建议。微软有四通八达的电子邮件系统，每个员工都有自己的电子信箱，相互间都知道对方的代码，上至公司领导（包括比尔·盖茨），下到每个员工都无一例外。只要你高兴，无论在什么时间、什么地点，你都用不着秘书的安排，就可以和在任何地方的员工，包括比尔·盖茨，进行联系交谈。这种系统使职工体验到一种真正的民主。除了员工间的相互沟通，传递消息，布置任务可以通过它外，最重要的是职工对公司最高当局提意见和建议也可以方便地使用它。

现代的企业，都建立了“建议奖”制度。在 IBM 公司，你只要提出好的建议就付给报酬，即使你的建议微如芥豆，也能受到奖励。哪怕仅仅是改变一下办公室的布置，也不例外。

卡佳是 IBM 公司的制图员，为了查找资料，每天要到资料室跑好几趟，又累又烦人。有一次，卡佳看着办公室，突然想起可以调整一下办公室的位置，使它们挨得紧一些，这样不就可以腾出一块空间，放几个书柜贮存资料了。

卡佳把这个想法向上司一说，上司觉得这个建议很好，就采纳了。此后，卡佳办公室的同事们每天再也不用跑资料室了，资料就放在办公室里，既节省了时间，又节省了精力，两全其美。

卡佳这个“改变房间布置格局”的建议成了一种创造，根据发明创造奖的标准，卡佳由此每年获得相当于纯节约额25%的奖励金额。

企业需要员工时刻关注企业的发展，参与管理，多提合理化建议。

一家大企业的管理者认为：好员工要善于提建议。提建议的前提条件是做好本职工作。只有本职工作做好了，才有意见可提，才提得出意见。试想，一个对企业、对集体漠不关心的人，能让他提出什么合理化建议？员工建议的价值度，在一定程度上也反映了员工对企业的忠诚度。

林子是一家公司的秘书。她的工作就是整理、撰写、打印一些材料。很多人都认为这样的工作单调而乏味。但林子不觉得，她觉得自己的工作很好。

林子整天做着这些工作，做久了，她发现公司的文件中存在着很多问题，甚至公司的一些经营运作方面也存在着问题。

于是，林子除了每天必做的工作之外，她还细心地搜集一些资料，甚至是过期的资料，她把这些资料整理分类，然后进行分析，写出建议。为此，她还查询了很多有关经营方面的书籍。

最后，她把打印好的分析结果和有关证明资料一并交给了上司。上司起初并没有在意，一次偶然的机会，他看到了林子的这份建议，他非常吃惊，这个年轻的秘书，居然有这样缜密的心思，而且她的分析井井有条，细致入微。

上司很欣慰，他觉得有这样的员工是他的骄傲。后来，林子的很多建议都被他采纳了。自然，林子也被领导委以重任。

对企业主动提出合理化建议是一个员工应有的责任。有些员工为了避免出差错而保持沉默，他们不是想不到好主意、好建议，而是觉得事不关己，不愿张口动手罢了。这样的工作态度，不仅埋没了自己的才能，失去争上游的机会，也使公司错失了可能的“美玉”，十分可惜。

只要认为是对公司有帮助的建议，就大胆地提出来。即使自己的提案被否决了，也不必因此而耿耿于怀，没有人一开始就能成功，也没有人能百分之百正确，细心观察、大胆提议，这是你发现问题、解决问题十分有效的练习途径和成长途径。

6

不说没办法，想办法才会有办法

让脑袋放假，
天才也会一筹莫展。

我们常常听到这样的话，“实在是没办法”“一点办法也没有”。一句“没办法”，似乎为我们找到了推卸责任的理由。但也正是一句“没办法”，浇灭了很多创造的灵感，阻碍了我们前进的步伐！是真的没办法吗？还是我们没有积极主动去想办法？想办法才会有办法。

科学认为，人的智力提高是一个逐步的过程。只要你能够战胜对艰难的畏惧，并下决心去努力，你就能越来越多地找到解决问题的方法，并越来越智力超群！无数的实践表明，要想做“困难”的终结者，面对压力和困难，就要主动想办法，想办法是有办法的前提。如果让脑袋放假，即使我们是天才，遇到问题时也会一筹莫展。

2001 年，北京申奥成功，举国沸腾。大家不仅为中国的国力得到承认而高兴，而且，也为北京得到这样一个经济发展的机会而自豪。但是，在 1984 年以前，敢于申办奥运会的国家没有几个，因为在相当长的一段时期内，举办奥运会是赔钱的。

到了 1984 年，美国洛杉矶奥运会是一个转折。这次奥运会，美国政府不但没有掏一分钱，反而盈利 2 亿多美元，创下了一个奇迹。而创造这一奇迹的人，名叫尤伯罗斯，是一个商人。

开始时，尤伯罗斯并不愿意接受这项任务，经不住再三相邀，他最终才答应。尤伯罗斯将整个奥运活动与企业和社会的关系做了通盘的考虑，终于想出了很多点子让奥运会赚钱。其中最妙的点子是将奥运会实况电视转播权进行拍卖，这可是从来没有过的。

最初，工作人员提出的最高拍卖价是1.52亿美元，这在当时已是个天文数字了，但立即遭到了尤伯罗斯的否定，他说："这个数字太保守了！"

他敏感地觉察到了人们对运动会的兴趣正在不断高涨，奥运会已经是全球关注的热点。电视台利用节目转播，已经赚了不少钱。假如采取直播权拍卖的方式，势必会引起各大电视台之间的竞争，价钱会不断抬高。果然不出所料，结果单电视转播权一项就为他筹集了2亿多美元资金。

又例如，以往的奥运会万里长跑接力，都是由有名的人士担任，但尤伯罗斯一改这种做法，表示谁都可以跑，只要身体够棒，另外出钱就可以，每1公里按3000美元收费。这真是一个破天荒的想法，会有人花钱买罪受吗？

没想到，消息一公布，报名的人竟然蜂拥而至。1.5万公里的路，收费收了4500万美元！

这次奥运会给尤伯罗斯带来了空前的声誉。回首成功，他感到非常自豪：有想法就有突破点。假如畏难，怎么能够创造出这样辉煌的业绩呢？

法国数学家、哲学家彭加勒曾经说过："出人意料的灵感，只是经过了一些日子，通过有意识的努力后才产生。没有它们，机器不会开动，也不会产生出任何东西来。"

德国哲学家黑格尔曾嘲讽那些以为可以不经艰苦思索就能获得灵感的人："诗人马特尔坐在地窖里面对着六千瓶香槟酒，可就是产生不出诗的灵感来。最大的天才尽管朝朝暮暮躺在青草地上让微风吹来，眼望着天空……温柔的灵感也始终不会光顾他。"

而我们平时也最喜欢讲一句话："眉头一皱，计上心来。"其实，这往往是在特定时期、特定人物的状况。真要有好的点子和想法，就应当付出更多的努力。

7

以良好心态正视困难压力

拜伦说，
无论头上是怎样的天空，我准备承受任何风暴。

伴随困难和问题而来的，必然有压力。生活和工作中，我们总要面对多种多样的压力。如何面对及舒缓压力，是每一个人都要学会的必修课。

小娜刚刚晋职，本来这是件好事，但小娜感觉压力马上就来了。

从升迁那天起，小娜感觉周围同事的目光就再也不像从前那么柔和了。小娜的单位办公室紧张，两个部门的六七个人挤在一个办公室工作。小小的空间，谁做什么都看得一清二楚。小娜旁边的同事经常写个小纸条之类的东西，传给她对面桌，接着再传给其他人，然后几个人神秘地会心一笑。在他们的笑声里，小娜的脸色变得苍白。

为什么他们会这样？小娜一直找不到原因，也无法跟别的同事提及，只好对父母或朋友诉说。朋友也没什么对策，只能安慰小娜几句，而父母开始为小娜担心。

顶着压力，小娜开始向自己的承受力挑战。那些同事不管做什么，背后议论什么，小娜都命令自己绝不理睬，做好本职工作。小娜是部门负责人，有些人还得听小娜调配。小娜让本部门的同事尽量多出去联系业务，不要跟其他部门的人搅在一起，至于业余时间他们怎么聚，就不在小娜的管辖范围内了。

那一阶段小娜很压抑。一个单位的小中层干部，处在上压下挤的位置不可能有好心情。但是小娜知道只能靠自己调节心态，毕竟靠跳槽来逃避是不明智的。小娜告诉自己一切都会过去的。

由于小娜没有放弃工作，业绩有目共睹，支持小娜的人越来越多。后来，小娜也得知了自己被同事排挤的原因，但她已经对此并不介怀了，她在压力前面没有退却，最终顶住了压力，解决困扰自身的问题。

问题与压力是难免的，关键在于你如何面对它。逃避不是解决之道，碰到问题，积极寻找方法、主动调节心态的人，才能走得更稳更远。

格兰特将军是美国西点军校的毕业生之一。在南北战争时，美国总统林肯曾经找过多名指挥官担任联邦军队的总指挥，但都以战败告终。直到他任命格兰特为统帅，联邦军队才捷报频传，取得了最后的胜利。

当他第一次带领一支部队与敌军交战，当快接近对方阵地时，他紧张得心都要从胸口跳出来。他认为对手比自己强大，真正较量的话，自己有可能失败，甚至会丢掉性命，所以他一次次地想给队伍下令停止前进。但是，勇于承担责任放弃借口的理念，促使他硬着头皮带着队伍冲向对方的阵地。当他的队伍刚刚冲上一座山岗时，意想不到的情况出现了：对方阵地上，一个人影也没有。原来，对方的首领也因为害怕，就在格兰特的队伍要向他们冲锋时，带领部队逃跑了。经历这件事后，格兰特说："在整个战争中，我再也没有一次害怕过。因为我明白了一个道理：心态不好，扛不住劲，担心害怕，我们不可能赢得胜利。如果我们拥有良好的心态，勇于承担责任，我们就能走向胜利。"

其实，只要不逃避，积极前行，那些原来难以解决的问题，其实都能找到好的解决方法！只要不躲避问题，我们所面对的那些沉重的压力，就能成为通往成功的桥梁。面对压力，我们可以采用以下几种方法，及纾舒解，以防对自己形成伤害。

（1）量力而行。有事业心，有远大的理想和抱负是一个人难能可贵的品质，但是我们在制定理想或者工作目标的时候一定要量力而行，否则，理想会成为包袱，心理压力过大，反而会成为前进路上的阻力。

（2）循序渐进。我们做事和工作的时候，要循序渐进，不能贪图一口气做完，疯狂的工作不是明智的做法，这是一种激情状态下的工作方式，激情散去，剩下来的就是身心的疲惫了，如果工作完成得好还可以有成就感，如果完成得不好，而自己又是那么拼命地付出，这种反差就有可能给人带来悲观和失望，心理压力自然就增大了。所以凡事都要有计划的一步一步地去做，要循序渐进。

（3）增强自信心。在生活和工作中要不断地提高自己的自信心。社会虽然进步很快，但是天生我材必有用，不要老担心自己被社会淘汰，或者担心自己没有能力应付职位的升迁和变动。

（4）学会倾诉。当心理压力很大的时候要学会倾诉，可以找自己的好朋友，也可以找心理咨询师，不要把心事闷在心里，把它说出来，宣泄出来，你会感到很轻松。生活中要多交朋友，使生活丰富一些。

（5）面对压力要有心理准备。要认识到现代社会的高效率必然带来高竞争性和高挑战性，要有足够的心理准备，免得工作时力不从心，加重压力。同时心态要保持正常、乐观豁达，不为逆境，牢骚抱怨。

8

企业格外垂青会动脑的员工

会动脑筋思考的人，总能掌握住问题的关键，
并能够解决它，通常在工作上能高效率地完成任务。
由于比别人更快，所以他们就容易在竞争中脱颖而出。

假如你是一个企业的领导，你心目中的最佳员工是什么样？是在遇到困难时只想往后躲、推诿责任的员工，还是那些将企业的事当作自己的事、

积极想办法解决困难的员工？

一项对美国多个大企业 CEO 的调查表明，CEO 们最欣赏的，就是那些主动要求做某项新工作、接受新挑战的员工。无论能否做好，至少这些员工比那些只会被动接受工作的员工更令人欣赏，因为他们有勇气、有信心，而且会从尝试中学习到更多的经验，增长更多的才干。

有一次，日本松下企业要招聘一名高级女职员，一时应聘者如云。经过一番激烈的比拼，静子、慧子、珍子三位女士脱颖而出，成为进入最后阶段的候选人。三个人都是名牌大学的高才生，又是各有千秋的美女，条件不相上下。她们都在小心翼翼地做着准备，力争使自己在最后的面试中表现最好。

这天早上 8 点，三人都准时来到企业人事部。人事部长给她们每人发了一套白色制服和一个精致的黑色公文包，说："三位小姐，请你们换上企业的制服，带上公文包，到总经理室参加面试。这是你们的最后一轮考试，考试的结果将直接决定你们的去留。"三个人脱下精心搭配的外衣，穿上那套白色的制服。人事部长又说："我要提醒你们的是，第一，总经理是个十分注重仪表的先生，而你们所穿的制服上都有一小块黑色的污点。毫无疑问，当你们出现在总经理面前时，必须是一个着装整洁的人，怎样对付那个小污点，就是你们的考题。第二，总经理接见你们的时间是 8 点 15 分，也就是说，10 分钟以后，你们必须准时赶到总经理室，总经理是不会聘用一个不守时的职员的。好了，考试开始了。"

三个人马上行动起来。

静子用手反复去揩那块污点，反而把污点越弄越大，白色制服最终被弄得惨不忍睹。她开始紧张起来，红着脸央求人事部长能否给她再换一套制服，而人事部长只是非常抱歉地说："绝对不可以，而且，我认为，你没有必要到总经理室去面试了。"静子一下子愣住了，当她知道自己已经被取消了竞争资格后，眼泪汪汪地离开了人事部。

与此同时，慧子已经飞奔到洗手间，她拧开水龙头，撩起自来水开始清洗那块污点。很快，污点没有了，可麻烦也来了，制服的前襟处被浸湿了一大片，紧紧地贴在身上。于是，慧子快步移到烘干器前，打开烘干器，对着那块浸湿处烘烤着。烤了一会儿，她突然想起约定的时间，抬起手腕看表：糟糕，约定的时间马上就要到了。于是，慧子顾不得把衣服彻底烘干，赶紧往总经理室跑。

赶到总经理室门前，慧子一看表，8 点 15 分，还没迟到。更让她感到庆幸的是，白色制服上的湿润处已经不再那么明显了，要不仔细分辨，根本看不出曾经洗过。何况堂堂大企业总经理，怎么会死盯着一个女孩的衣服看呢？

慧子正准备敲门进屋，门却开了，珍子大步走出来。慧子看见珍子的白色制服上，那块污迹仍然醒目地“躺”在那里。慧子的心里踏实了，她自信地走进办公室，得体地道声：“总经理好。”总经理坐在办公桌后面，微笑地看着慧子白色制服上被湿润的那个部位，好像在“分辨”着什么。慧子有点不自在。

这时，总经理说话了：“慧子小姐，假如我没有看错的话，你的白色制服上有块地方被水浸湿了。”慧子点了点头。“是清洗那块污渍所致吗？”总经理问。慧子疑惑地看着总经理，点了点头。总经理接着说：“在这轮考试中，珍子小姐是胜者，也就是说，企业最终决定录取珍子小姐。”

慧子感到非常愕然：“总经理先生，这不公平。据我所知，您是一位见不得污点的先生。但我看见，珍子小姐的白色制服上那块污点仍然清晰可见。”

“问题的关键是，珍子小姐没有让我发现她制服上的污点。从她走进我的办公室，那只黑色公文包就一直幽雅地放在她的前襟上，她没有让我看见那块污迹。”总经理说。

慧子说：“总经理先生，我还是不明白，您为什么选择了珍子小姐而淘汰了我呢？我准时到达您的办公室，也清除了制服上的污点，而珍子小姐只不过耍了个小聪明，用皮包遮住了污点。应该说，我和珍子小姐打了个平手。”

“不！”总经理果断地说，“胜者确实是珍子小姐，因为她在处理事情时，思路清晰，善于分清主次，善于利用手中现有的条件，她把问题解决得从容而漂亮。可你虽然也解决了问题，但你却是在手忙脚乱中完成的，你没有充分利用你现有的条件。其实，那只公文包就是我们解决问题的工具，而你却将它弃之一旁。假如我没猜错的话，你的‘工具’忘在洗手间里了吧？”

慧子终于信服地点了点头。总经理又微笑着说：“假如我没猜错的话，珍子小姐现在会在洗手间里，正清洗她前襟处的污渍呢。”

事务有主次之分，打破常规思维，充分利用有效条件去解决问题，是每个员工都要学会的技能。因循守旧，遇事情不爱动脑筋的人，无法为企业和自己解决问题，是很难获得大的提升。所以，做个有头脑的员工，会更受企业欢迎。一个员工拥有智慧并乐于奉献自己的智慧，这份智慧必然会给企业创造财富。

一家建筑企业的经理突然收到一份购买两只小白鼠的账单，不由好生奇怪。原来这两只老鼠是他的一个员工买的。于是，经理把那个员工叫来，问他为什么要买两只小白鼠。

员工答道：“上星期我们企业去修的那所房子，要安装新电线。我们要把电线穿过一根 10 米长但直径只有 2.5 厘米的管道，而且管道是砌在砖石里，并且弯了 4 个弯。我们当中谁也想不出怎么让电线穿过去，最后我想了一个好主意。

我到一个商店买来两只小白鼠，一公一母。然后我把一根线绑在公鼠身上并把它放到管子的一端。另一名工作人员则把那只母鼠放到管子的另一端，逗它吱吱叫。公鼠听到母鼠的叫声，便沿着管子跑去救它。公鼠沿着管子跑，身后的那根线也被拖着跑。我把电线拴在线上，小公鼠就拉着线和电线跑过了整个管道。”后来，这位爱动脑筋的员工得到了经理的嘉奖。

成功的秘密很简单，就在于开动脑筋去想问题，用智慧去解决问题。不论工作有多么繁忙，也要腾出时间来思考，而不是盲目地去拼体力。

一个知名企业的老总对他的员工说：“我们的工作，并不是要你去拼体力，而需要你带着大脑来工作。”这就是说，一个好员工应该勤于思考，善于动脑分析问题和解决问题。

但是，总有这样一些员工，他们在遇到问题时，不是去多提几个“怎么办”，多问几个“为什么”，而是逃避问题，推卸责任，这样的员工不仅不受企业欢迎，而且在职场上也难以发展。

善于寻找方法去解决工作中的问题和困难，是一个人决胜职场的根本，更是一个企业保持旺盛竞争力的保障。企业永远对那些主动寻找方法挑战困难的员工格外垂青，这样的人才是企业的“福音”。

9

不退缩，面对困难要坚持

牛顿说，

无论做什么事情，只要肯努力奋斗，是没有不成功的。

面对问题与困难要坚持，你越坚持，困难就越退缩。“坚持”是战胜一切困难的有力武器，有哪件事可以不经坚持和努力就能获得成功呢？坚持是人生的重要品质。如果在胜利前却步，往往只会拥抱失败；如果在困难时坚持，常常会获得新的成功。

美国作家杰克·伦敦的成功就是建立在坚持之上的。他坚持把好的字句抄在纸片上，有的插在镜子缝里，有的别在晒衣绳上，有的放在衣袋里，以便随时记诵。一点一滴的坚持终于让他成功了，他成为了一代名人。

勇于坚持的人，他们不论做什么都会全力以赴，总是有着明确的目标，在每次失败时，他们总是笑容可掬地站起来，然后下更大的决心向前迈进。

坚韧勇敢更是伟大人物的特征。没有坚韧勇敢品质的人，不敢抓住机会，更不敢冒险。一遇到困难，他们便会自动退缩，而获得小小的成就，他们便会感到满足。

美国前总统罗纳德·里根曾讲述过这样的一段他的亲身经历。

每当里根失意时，他的母亲就这样说："最好的总会到来，如果你坚持下去，总有一天你会交上好运。并且你会认识到，要是没有从前的失望，那是不会发生的。"里根于 1932 年从大学毕业后，计划在电台找份工作，然后再设法去做一名体育播音员。于是，里根就搭便车去了芝加哥，敲开了每一家电台的门，但每次他都碰了一鼻子灰。

无奈的里根又搭便车回到了伊利诺伊州的迪克逊。虽然迪克逊没有电台，但里根的父亲说，蒙哥马利·沃德企业开了一家商店，需要一名当地的运动员去经营它的体育专柜。由于里根在迪克逊中学打过橄榄球，于是就提出了申请。然而，里根仍未能如愿，他失望的心情溢于言表。母亲提醒他说："最好的总会到来。"父亲借车给他，于是里根驾车行驶了 70 英里来到了特莱城。

里根试了试艾奥瓦州达文波特的 WOC 电台。节目部主任彼特·麦克阿瑟告诉说他已经雇用了一名播音员。当里根离开他的办公室时，受挫的郁闷心情一下子发作了。里根大声地问道："要是不能在电台工作，又怎么能当上一名体育播音员呢？"当失望到了极点的里根正在等电梯时，突然听到了麦克阿瑟的叫声："你刚才说体育什么来着？你懂橄榄球吗？"接着他让里根站在一架麦克风前，叫里根凭想象播一场比赛。结果，里根被录用了。

就像世界上一切伟大的事业，都在坚韧勇敢者的掌握之中一样，当别人开始放弃无法再继续时，他们却仍然坚定地去做，直到困难退缩。

很多时候，工作和生活不可能一帆风顺，所以，我们更应该像生活中的强者一样，只有一次次地度过艰苦的磨砺，一次次在失败中站起来，困难才会害怕，问题才能被最终解决。

第四章

激发潜能，鼓足干劲

如果你有能力承担更多的责任，而你庆幸自己只承担了其中的一份，那么，你辜负了别人也辜负了自己，你与成功的距离不但不会接近，反而会一天天远离。

1

把工作当成人生的使命一样对待

一个人有没有出息，不在于他处于什么环境，干什么工作，
关键是看他怎样对待环境，怎样对待工作。

美国心理学家马斯洛认为人的需要有五个层次：生理需要、安全需要、爱的需要、尊重的需要、自我实现的需要。对于现代人来说，仅仅满足前几个需要是不够的，谁都希望通过工作，最大程度地满足生命的需求。因此，工作的本质，不在于做多少事，得到多少回报，而是使人生价值最大化，最大程度满足自我实现的需要。

人的一生大部分时间都是在工作中度过的，正是工作创造出极大的人生价值。一个真正期望人生有价值的人，必定会用对待生命的态度对待工作。你如何对待工作，意味着你如何对待人生。

小 A 是一个博士，到美国工作一直是他的梦想。但是，当他满怀豪情与梦想踏上异国的土地时，却被残酷的现实浇了个透心凉：找个像样的工作实在太难了。在万般无奈之下，他找了一份仓库保管员的工作。仓库在地下室，又黑又暗，终日不见天日。

小 A 觉得这样的工作与生活毫无意义，他整天都在琢磨如何快点离开这个“该死的地方”。他经常质问自己：“难道我堂堂一个名牌大学的博士，读了那么多书就是为了守仓库吗？干着这样的工作，对我来说有什么意义？”

在一次次地反思之后，他想通了：“谁说博士就不能守仓库？谁说守仓库就没有发展？就算是守仓库，我也照样可以守出博士的水平来！”

心态一变化，工作状态立即就变了。他一改往日的无精打采，每天都

热情饱满地去上班。在做好本职工作的同时，他开始运用自己所学的专业知识，研究起企业的经营战略来。其实，仓库是一个企业非常重要的窗口。哪些产品卖得好，哪些产品周转慢，都可以从库存上体现出来。这样，研究库存就成为了小A的重要工作。

小A每天都用心记录产品的进货、出货情况，据此分析企业哪些经营战略是对的，哪些地方需要改进，并写成报告递上去。刚开始的时候，根本没有人看他的报告，他的上司甚至说：你守好仓库就行了，这些不是你该考虑的事！但他并没有气馁，他告诉自己：只要对企业有帮助，我就应该研究；只要不断地研究，就一定会有结果。

终于有一天，集团的一位高级副总裁来考察，无意中看到了他写的报告。看了之后，十分震惊，立即让人把他叫来。通过交谈，总裁发现这位小伙子不仅有水平，更难得的是，他会主动工作。于是一个月后，他被调到了集团的战略发展部工作。他的命运从此改变，凭着自己的能力和勤奋，一步步地做到了这家集团的部门经理，年薪也达到了几十万美元。

用正面眼光对待自己的工作和环境，这是做好工作的前提。另外，工作时还需要有很强的责任心。

在实现人生价值的过程中，责任是不可或缺的。有了责任，做事自然有动力，有方向。缺少责任，不仅会失去做事的方向，就连做人的方向也会迷失。

克里是一位火车后厢的刹车员，但是，就是因为不负责任的一件小事，却让他的人生走向深渊。

一天晚上，一场暴风雪不期而至，火车晚点了。克里抱怨着，这场暴风雪不得不使他在寒冷的冬夜里加班，于是，他在考虑着用什么样的办法才能逃掉夜间的加班。

这时，两个车站间有一列火车发动机的汽缸盖被风吹掉了，不得不临时停车，而另外一辆快速车又不得不拐道，几分钟后要从这一条铁轨上驶来。列车长赶紧跑过来命令克里拿着红灯到后面去。

克里心里想，后车厢还有一名工程师和助理刹车员在那儿守着，便对列车长说：“不用那么急，后面有人在守着，等我拿上外套就去了。”列车长严肃地说：“1 分钟也不能等，那列火车马上就要来了。”

“好的！”克里说，列车长听完了他的答复后又匆匆忙忙地向前部的发动机房跑去了。但是，克里没有立刻就走，他认为后车厢里有一位工程师和一名助理刹车员在那儿替他扛着这项工作，自己又何必冒着严寒和危险，那么快跑到后车厢去。他停下来喝了几口酒，驱了驱寒气，这才吹着口哨，慢悠悠地向后车厢走去。

他刚走到离车厢十来米的地方，就发现工程师和那位助理刹车员根本不在里面，他们已经被列车长调到前面的车厢去处理另一个问题了。他加快速度向前跑去，但是，一切都晚了。在这可怕的时刻，那辆快速列车的车头，撞到了自己所在的这列火车上，受伤乘客的嘶喊声与蒸汽泄漏的嗞嗞声混杂在了一起。

后来，当人们去找克里时，他已经消失了。第二天，人们在一个谷仓中发现了他。此时，他已经疯了，在凭空臆想中叫喊着：“啊，我本应该……”他被送回了家，随后又被关进了精神病院。

由上面两个故事可以看出，由于负责与不负责的区别，造成了两段迥异的人生。

工作是人生的使命。不要把工作当作一份差事，而要把工作当作一项事业，一份责任对待。责任感使我们有勇气排除万难，甚至可以把“不可能完成”的任务完成得相当出色。一旦失去责任感，即使是做自己最擅长的工作，也会完成不好，甚至一塌糊涂。

一个人必须要认清自己的责任，处理好责任和价值的关系：在尽责中实现价值，在价值实现中尽到责任，这样才能实现自己最大的人生价值。所以，从现在开始就要树立这样的信念：

我是命运的设计师；

我是生命的主人；

我是 100%的承担责任者；

我是问题的源头；

责任止于我。

2

让自己学会适应工作

生活没有绝对的公平，
如果无法改造它，就学会适应它。

你听过“地心说”吗？相信“地心说”的人认为地球居于宇宙的中心，静止不动，日月星辰都围绕地球转。这个学说显然是错误和荒谬的。但一些人却将其带到生活、择业中，希望以自己为中心，完全按自己的喜好对待工作，这是不现实的。工作是无法迁就每一个人的，让自己学会适应工作才更重要，这就是职业适应。

约翰因对原单位的工作氛围不满意，离职来到一家著名的跨国公司去应聘。面试官首先询问他的问题便是：“你为何要离开原来的单位？”约翰直率地回答：“由于原公司的工作氛围不理想，影响了我的工作热情和动力，希望换个工作环境，从而能够通过环境的改变来发挥自己的实力。”最终，这家跨国公司没有录用他。

后来，约翰又相继应聘了几家公司，结果都是无功而返。出现这样的情况，约翰百思不得其解。自认为能力优秀的他，不能理解自己为何被各公司屡屡拒绝。因此，他找到了自己的好朋友，向他询问原因。

朋友在得知面试官询问的问题以及约翰的答案后，立即明白了他被拒绝的原因。他明确地告诉约翰：你的问题并不在于工作能力和自身的实力，而是在于对离开原单位的原因总结。

朋友说：“因为每当问题产生时，你首先把责任归到环境身上，归结为工作氛围对工作热情的影响，而这样却恰恰说明你自己适应环境的能力差，反映出了你对环境及公司氛围的融合度不够。而且，对于你为何离开公司，你也不试着从自己身上寻找原因。如果你能意识到责任就在自己身上，那么你所采取的办法就是：改变自己来适应环境，而不是选择离开原公司去逃避环境。”

如上所述，人们常常抱怨，都是环境或别人对自己不好，所以就想借着换个环境、或结交新的朋友，来改变尴尬的境遇。但是人们却很少反省自己，人际关系的不顺畅或职场的不如意，责任究竟在自己还是在他人。如果原因是出自本身的话，唯有改变自己，才能让问题迎刃而解。否则，不断地转换工作或认识新朋友只会浪费时间和精力，它对问题的解决没有丝毫益处。这样下去，终究会因一事无成而懊悔不已，甚至抑郁终生。

是你去适应别人还是让别人来适应你，这实在是一个值得深思的问题。

生活中，可能由于自身的缺点或错误，人们会对我们产生误会，甚至会有偏见。这并不要紧，关键是我们要看到这一点，虚心地接受建议，认真改过。当他人看到我们自身的努力和变化时，自然会重新认识我们。这对刚走进社会、参加工作不久的青年人尤其重要。当然这对我们任何一个人来说都是一个具有普遍性的问题。每个人每天都可能要和包括亲人、朋友、领导、下属、同事、合作伙伴甚至竞争对手在内的各种各样的人打交道。无论做什么事，还是那句话，我们必须以负责的态度来处理，才能得到别人的支持和合作，才有可能把自己的事情做得更好。

莎士比亚有一句名言：聪明人永远不会坐在那里为他们的损失而哀叹，却情愿去寻找办法来弥补他们的损失。人要学会自己承担责任！你的责任就是，做好自己的事，自己的过错要自己承担；在错误中成长、成熟起来，改变和完善自己，只有这样才能进步。让大家来适应你，都来为你改变，这不现实也不可能。任何人都没有这个权利要求别人这样做，别人更没有这个义务。我们要改变自己错误的思想方式、行为习惯，主动与组织更加融合，这样才不会陷入无尽的烦恼中。

3

有一种东西比薪水更重要

如果你把所有的事情都学会了，
获得的内在财富要比有限的薪水高出无数倍。

每个员工进入一家公司时都希望能够获得一个好的薪金待遇，这无可厚非。然而，一些新人不知道用自己的青春汗水来换取进步和成长，却总在微薄的薪水里算来算去，结果只会因小失大。因为任何一家公司愿意出高的薪金待遇的前提，都是员工所能创造的价值。如果员工没有创造价值的能力，那么即使他对薪水要求不高，公司对他也不会感兴趣。

一家企业可以控制你的薪酬，但它无法阻止你在工作中获得能力的提升。如果你刚刚步入一家新公司，要求有比较高的起点和比较丰厚的薪水固然重要，但你更应该考虑的是，如何才能提高自身的能力。你所具有的能力和你所能创造的价值，才是你将来能否拿到更高薪水和是否获得更大发展的关键。

许多商界的知名企业家在刚开始工作时，收入也不是很高。但他们从来没有将眼光仅仅局限在目前的收入上，而是一直在努力地工作。在他们看来，金钱只是暂时的财富，而能力、经验却是永久的财富。当你从一个新手、一个对行业知识缺乏的新员工成长为一个熟练、高效的管理者时，你实际已经获得了人生的升华。你在将来的职位上或独立创业时，可以充分发挥这些才能，从而获得更多的财富。当世界上大多数人都在为薪水而工作，而我们能不为薪水而工作时，你就超过了大部分人，迈出了成功的第一步。

一位年轻记者去采访日本著名的企业家松下幸之助。年轻人非常珍惜这来之不易的采访机会，做了认真的准备，因此，他与松下先生谈得很愉快。那天他发挥得很出色，采访大获成功。采访结束后，松下先生亲切地问年轻人："小伙子，你一个月的薪水是多少？"年轻人不好意思地回答："薪水很少，一个月才一万日元。"

松下先生微笑着对年轻人说："很好！虽然你现在的薪水只有一万日元，但是，你知道吗？你的薪水远远不止这一万日元。"

年轻人听后，感到难以理解。看到年轻人一脸的疑惑，松下先生接着说："小伙子，你要知道，你今天能争取到采访我的机会，明天也就同样能争取到采访其他名人的机会，这就证明你在采访方面有一定的潜力。如果你能多多挖掘这方面的才能，多多积累这方面的经验，就像你在银行存钱一样，钱存进了银行是会生利息的，你的才能也会在社会的银行里生利息，将来能连本带利地还给你。"

松下先生满含深意的一番话，打开了年轻人观念的抽屉，使他茅塞顿开，豁然开朗。许多年后，那位年轻人做到了报社社长。

松下先生告诉了年轻人这样一个道理：能力和经验的积累远比目前薪水的高低更重要，因为它是每个人生存和发展的最厚重的资本。

很多人都在抱怨自己没有机会发展，也都知道不进步就要退步，然而又有多少人能在工作中不断地提高自己的能力去创造机会呢？在有些人眼里，薪水是他们工作的目标，薪水不高他们工作就没有信心与激情，他们在心里盘算着：我付出的劳动应该和领导给我的薪水是等价的，这样才公平。其实，这种工作态度往往正在限制你未来发展的高度。

薪水只是工作的一种最直接，也是最低级的回报方式。只为薪水而工作是一种短视的行为，到最后受伤害的不是别人，只能是自己。珍贵的经验、良好的训练、才能的表现和品格的培养，才是你最雄厚的生存资本。

工作中，你要经常反思：

你是如何看待工作报酬的？

在你心里，薪水在工作报酬中占多少位置？

对于工作，你最看重的是什么？

最后，你必须要记住的是：

当你热爱你所从事的工作时，金钱就会尾随而至。

你的价值是由你的能力和你创造的附加价值来衡量的。

你今天拿多少薪水不是最重要的，重要的是你明天能拿多少薪水。

4

责任与能力成正比

你越能承担责任，
也意味着你的能力越来越强。

麦肯锡曾经做过一样调查：一位成功的领导者应具备什么样的素质？结果有近 90%的人选择了要敢于承担责任。敢于负责任，是领导者应具备的基本素质，因为，只有负责任才能让能力发挥出来，为什么这样说呢？

请先回答下列问题。

今天下雨忘记带雨伞，你该负多少责任？你的孩子不到 10 岁就开始抽烟，你该负多少责任？你的夫妻关系有点紧张，你该负多少责任？你是销售部门经理，产品质量出了差错，你该负多少责任？你的上级决策出了差错，你该负多少责任？城市的空气污染严重，你该负多少责任？

一般人可能会说：忘带雨伞，我要负 100%的责任；孩子抽烟，我大概要负 80% 的责任；夫妻关系紧张，我要负 50%的责任；产品质量出了问题，谈不上要负责任，如果一定要负，就负 20% 的责任吧；上级决策失误，我无能为力，应不用负责任吧；城市环境污染严重，就更与我不相干了。

看看你的回答是不是也与之相同，如果是，那么你与绝大多数人一样有这样的看法："如果我认为这件事与我有关，我就会去负责任。""我的上级出差错，与我有什么关系？"你可以这样看。但是，当你这样看时，你一定不会对那件事产生任何影响力。

负不负责任，既不是法律问题，也不是道德问题，而是心态问题。

有人或许会说，人的能力是有限的，不可能对什么事都负责。但是没有人知道你到底有多大的能力。神经语言学的研究认为，每个人"以拥有所需的一切资源，来对付他们面临的任何处境"。很显然，你的上级要负的责任比你要多。负责任是扩大自己能力的一个入口。

一个人有多重要，通常与他所负责任的多少成正比。

你可能会认为，当一个人重要的时候，他的责任自然就大，就会重。但事实却是，当你愿意负责，并且对那些你认为和你有关的事去负责的时候，你就会变得重要起来。同时，在这个过程中，你能力的提升可能是你所意想不到的。

你愿意负责任的事越多，你的能力就越大。

有这样一位老师，他只有高中肄业的学历，却在初中的数学教学中取得了显赫的成绩，他所带的学生个个数学优秀，参加数学竞赛均名列前茅，他也赢得了所有人的尊敬。是什么力量使他比那些大专、本科的同事更胜一筹呢？是高度的责任心使然。他凭着自己对工作的热爱，在工作之余勤于钻研、博览群书，不断提高自己的知识内涵和课堂教学艺术，从而赢得了学生对他的拥护和敬爱。

责任能够让一个人具有最佳的精神状态，精力旺盛地投入工作，并将自己的潜能发挥到极致；而只有能力没有责任的人却往往对工作敷衍应付，彰显不了他的实力。

5

敷衍工作就是在敷衍自己

敷衍不会给人带来轻松，
相反，它会使人越来越没法轻松。

职场中容不得半点不负责。作为一名员工，自己应该做的事情一定要保质保量地完成。不要以为自己不做自会有人来做，也不要以为自己不负责不会被人发现，不会对企业有什么影响。当你在信守责任的同时，也是在信守一个人的人格和道德。

库伯曾经服务于一家大型建筑公司，他的主管不仅是该家族公司集团中的总经理，还是第一位被提拔的非家族成员，所以，他对下属非常严格，甚至有点鸡蛋里头挑骨头。库伯所承受的压力自然可想而知。不过，库伯觉得自己在公司待的时间长了，还是有能力驾轻就熟，应付他的各种命令的。

一次，主管要求库伯为一个董事会准备资料，库伯迅速地整理了从各部门呈上来的报表，工作很快就完成了。但是当库伯把资料交上去之后，总经理只说了一句话："不用心。"库伯很不服气，他告诉总经理，为了这份材料，他已经很久没有按时吃晚饭了。总经理叹了一口气说："你自己对这堆资料满意吗？如果你都不满意，你就是在敷衍工作。记住：敷衍工作就是敷衍自己。"

库伯的问题，不是因为他不聪明，没有能力，而是不愿将问题看透，这样导致他习惯性地在工作中糊弄事。他虽然牺牲了吃晚饭的时间，但是这并不为意味着他有用心做事。

习惯敷衍的人应该明白，"天上不会掉馅饼"，即使侥幸占过那么一两次小便宜，长此以往必然害了自己。

你也可以问问自己：是否对自己的工作很满意？如果不是，那么你正在采取的消极应对策略，如拖延、敷衍，会带来什么后果？这些后果是你可以或愿意承受的吗？你可以在纸上反复地推敲这几个问题，最后你会发现，不利的后果比目前烦人的工作要可怕得多。具体来说，敷衍工作有这么几个害处：

敷衍的工作必然有漏洞——即使你觉得自己“执行”得很好，可你能保证一点失误都没有吗？

敷衍的工作非常有可能被领导否决，白费工夫。

被动执行、敷衍工作的人很难发挥什么创造力。

没有人会欣赏敷衍了事的人，不论是上司、同事，还是下属。

敷衍和不忠诚、不勇敢一样有杀伤力，因为它直接影响一个人的品格，损害人的责任感，损害人的敬业意识和诚实精神，而这些正是一个人立足职场并做出成绩的基础和保障。

有个老木匠准备退休，他告诉领导，说自己要离开建筑行业，回家与妻子儿女享受天伦之乐。

领导舍不得这位出色的工人，问他是否能帮忙再建一座房子，老木匠说可以。但是大家都看得出来，他的心思已不在工作上，干的是粗活。房子建好的时候，领导把大门的钥匙递给他。

“这是你的房子，”他说，“我送给你的礼物。”

老木匠震惊得目瞪口呆，羞愧得无地自容。如果他早知道是在给自己建房子，他又怎会如此不用心呢？现在，他得住在一幢粗制滥造的房子里！

职场中的很多人又何尝不是如此？他们漫不经心地工作，其实是在漫不经心地“建造”自己的生活。他们不是积极行动，而是消极应付，凡事不肯精益求精，在关键时刻不能自己尽最大的努力。等惊觉自己的处境时，早已深困在自己给自己建造的破“房子”里了。

人和机器的区别，就在于人有灵魂，有对他人和社会的责任与关爱，能通过工作找到人生的价值和意义。催一下、动一下，挨一下鞭子推一下磨，这岂不是对自己的人生不负责？

敷衍工作就是敷衍自己。敷衍工作一方面会给公司造成损失，同时也会给自己造成损失——损失了自己在事业上的前途。

一个聪明的员工绝不会在多数人都偷懒、敷衍的时候随波逐流，更绝不会向这些人学习，他有自己的职业追求，他不会敷衍工作，因为他知道，敷衍工作就是敷衍自己，到头来，对自己没有任何好处。

一个聪明的员工会时刻在工作中尽职尽责，努力做好自己的本职工作，不偷懒、不敷衍；一个聪明的员工会把公司的利益放在首位，不管任何时候都不会做有损公司的事；一个聪明的员工总是维护公司的形象，做自己力所能及的事，关心公司的发展。

克服敷衍，可以从以下几个步骤做些尝试：

第一，认清敷衍的后果。

第二，要改变心态，对工作抱有一颗责任心，积极自信。

第三，要区分“工作”与“做了”的界线，避免“我做了”的想法，因为这个想法最容易导致敷衍。要知道，工作就必须积极地去解决问题。

第四，要做有益的工作，而不是时间、精力的牺牲。

第五，还要主动地思考，设法使你目前的工作具有广阔的发展前景。

6

别只为承担一份责任而庆幸

以为不承担责任很轻松的人，
是责任感较差的人。

一家人力资源部主管正在对应聘者进行面试。

其中一题是这样的：在你面前有两种选择，第一种选择是，担两担水上山给山上的树浇水，你有这个能力完成，但会很费劲。还有一种选择是，担一担水上山，你会轻松自如，而且你还会有时间回家睡一觉。你会选择哪一个？很多人都选择了第二种。

当人力资源部主管问道："担一担水上山，没有想到这会让你的树苗缺水吗？"遗憾的是，很多人都没想到这个问题。

一个小伙子却选了第一种做法，当人力资源部主管问他为什么时，他说："担两担水虽然很辛苦，但这是我能做到的，既然能做到的事为什么不去做呢？何况，让树苗多喝一些水，它们就会长得很好。为什么不这么做呢？"

最后，这个小伙子被留了下来。而其他的人，没有通过这次面试。

人力资源部主管是这么解释的："一个人有能力或者通过一些努力就有能力承担两份责任，但他却不愿意这么做，而只选择承担一份责任，因为这样可以不必努力，而且很轻松。这样的人，我们可以认为他是一个责任感较差的人。"

当你能够尽自己的努力承担两份责任时，你所得到的收获可能就是绿树成林，相反，你看起来也在做事，可是由于没有尽心尽力，你所获得的可能就是满目荒芜。这就是责任感不同的差距。

这个题目很简单，但里面蕴含着丰富的内容，往往越是简单的问题越能看到一个人本质的那一面。因为简单，就不考虑，就更是出自内心的真实回答，就越能检验出一个人的真实品性。

如果你有能力承担更多的责任，就别为只承担一份责任而庆幸，因为你只知道这样会很轻松，但却不知道会为此失去更多的东西。

责任承载能力。首先，如果一个人有能力承担更多的责任，而却庆幸自己只承担了一份，那么，这个人是一个不愿意承担责任的人；其次，这个人在拒绝让自己的能力有更大的进步，甚至是对自己有所超越；再次，他先放弃了自己，然后放弃了能够承担更多责任的义务；最后，这个人可能辜负了别人也辜负了自己，因为一个人的能力永远由责任来承载，也因为责任而得到展现，他与成功的距离不但不会接近，反而会一天天拉远。

7

把责任当作品格来追求

爱默生说，

责任是一种伟大的品格，在所有价值中它处于最高的位置。

责任心是我们这个社会为人处世的基本要求。古人把“知耻近乎勇”视为美德，清人王永彬在《围炉夜话》中说：“人之足传，在有德不在有位；世所相信，在能行不在能言。”这说明做人要有良好的道德约束和责任心。可以说，责任心可以养德，责任心更可以树德。

爱默生说：“责任具有至高无上的价值，它是一种伟大的品格，在所有价值中它处于最高的位置。”从本质上来说，责任是一种与生俱来的使命，它伴随着每一个生命的始终。责任是一种伟大的品格，它让我们在困难时能够坚持，在成功时保持清醒，在绝望时懂得不放弃。

某企业要裁员，下岗名单公布了，有内勤部的小灿和小燕，规定 1 个月后离岗。那天，大伙看她俩都小心翼翼，不敢多说一句话。因为她俩的眼圈都是红红的，这事摊到谁头上都难以接受。

第二天上班，小灿心里憋气，情绪仍然很激动，什么也干不下去，一会儿找同事哭诉，一会儿找主任申冤，什么定盒饭、传送文件、收发信件这些她应该干的活，全扔在一边，别人只好替她干。

而小燕呢，她也哭了一个晚上，可是难过归难过，离走还有 1 个月呢，工作总不能不做，于是她默默地打开电脑，继续打文稿、通知。同事们知道她要下岗，不好意思再找她打字了。她特地和大家打招呼，主动揽活。她说：“是福不是祸，是祸躲不过，反正也就这样了，不如好好干完这个月，以后想给你们干都没机会了。”于是，同事们又像从前一样，“小燕，把这个打出来，快点儿！”“小燕，快把这个传出去！”小燕总是连声答应，手指飞快地点击着，辛勤地复印着，随叫随到，坚守着她的岗位，坚守着她的职责。

1 个月后，小灿如期下岗，而小燕却被从裁员的名单中删除，留了下来。主任当众宣布了老总的话：“小燕的岗位谁也无法代替，像小燕这样的员工企业永远也不会嫌多！”

是强烈的工作责任意识给了小燕机会。这样不计名利地位，不计个人得失，兢兢业业，任劳任怨，默默无闻工作的员工，是一批真正有信仰、有责任感的人。

“责任”是分内应做的事情。这看似普普通通的字眼，其实蕴藏着很深刻的内涵，既宽泛又凝练，既庄严又神圣，既朴实又沉重。

顾炎武的“天下兴亡，匹夫有责”是心忧天下的责任；诸葛亮的“鞠躬尽瘁，死而后已”是忠贞事主的责任；郑板桥的“衙斋卧听萧萧竹，疑是民间疾苦声”是“吾曹县令”的责任；岳飞的“三十功名尘与土，八千里路云和月”是精忠报国的责任。正因为他们怀着满腔热血，忠于职守，不辱使命，才创造了不朽的功绩，留下了千古美谈。培根说：责任好比宝石，它在无数光影的照耀下显得更加灿烂。

每个人都是渺小的，就像沧海一粟。每个人又是很重要的，一滴水可以照见太阳的光辉，每个人都是组成一个团队的最基本单位，都是集体链条中一个不可缺少的环节。

一个人来到世上，总要扮演很多角色，都担负着沉甸甸的责任。一个有责任感的人，始终把人生当作一个大舞台，总是基于自己的良知、信念、觉悟，努力扮演好每一个角色，自觉自愿地履行责任。只有为理想和事业执着追求的人，才能使自己的心灵走进更加广阔的天地，体验更加丰富多彩的人生，为团队与社会做出更加突出的贡献。

8

没有卑微的工作，只有卑微的态度

只要尽心尽力地去做，
再不顺心的工作也会变成最出色的工作。

一位社会学家正在研究一个课题：什么样的人最优秀？为此，他来到一个建筑工地进行调查，社会学家问他遇到的第一个工人：“请问你在做什么？”

工人没好气地回答：“在做什么？你没看到吗？我正在用这个重得要命的铁锤，来敲碎这些该死的石头。而这些石头又特别的硬，害得我的手酸麻不已，这真不是人干的工作。”

社会学家又找到第二位工人：“请问你在做什么？”

第二位工人无奈地答道：“为了每天 200 美元的工资，我才会做这份工作，若不是为了一家人的温饱，谁愿意干这份敲石头的粗活？”

社会学家问第三位工人：“请问你在做什么？”

第三位工人热情洋溢地回答道：“我正参与兴建这座雄伟华丽的大教堂。落成之后，这里可以容纳许多人来做礼拜。虽然敲石头的活儿并不轻松，但当我想到，将来会有无数的人来到这儿，接受上帝的爱，心中便常为这份工作献上感恩。”

同样的工作，同样的环境，3 个工人却持有截然不同的态度。

社会学家分析后，得出结论。

第一种工人，视工作为苦役，可以设想，在不久的将来，他将失去这份工作，甚至可能成为生活的弃儿。

第二种工人，是没有责任感和荣誉感的人。他们视工作为纯粹糊口的手段，他们抱着为薪水而工作的态度。他们肯定不是企业可依靠和领导可依赖的员工。

而第三种工人才是最优秀的人。在他们身上，看不到丝毫抱怨和不耐烦的痕迹，相反，他们是具有高度责任感和创造力的人。他们充分享受着工作的乐趣和荣誉，同时，因为他们的努力工作，工作也带给了他们足够的荣誉。

纪伯伦说过：工作是眼能看见的爱。倘若你无精打采地烤着面包，你烤成的面包就是苦的……倘若你怨望地压榨着葡萄酒，你的怨望就在酒里滴下了毒液。

如果我们像纪伯伦所说的那样，充满仁爱地工作，我们自然就会对我们的工作、我们的职业产生热爱和自豪感。我们就会努力去把它做好，而不需要金钱来刺激，更不需要别人来监督。爱迪生是敬业的，他每天工作 18 小时，发明成果极多。没有人要求他做出那么多发明，他挣的钱也足够生活，但他仍乐此不疲。他如此敬业，是基于他高度的责任感和使命感：“工作，揭露自然的奥秘并把它用来供人享用。”

日本的野田圣子谋得的第一份工作是清洗客人用过的马桶。她第一次洗马桶时，手一触及马桶就恶心得想呕吐。上班不到一个月，她就开始讨厌这份工作了。

有一天，一名与野田圣子一起工作的前辈主动来教野田圣子洗马桶。她什么话也没说，就动手干起来。等到洗、抹干净了，她就伸手从马桶里盛了一杯水，当着圣子的面一饮而尽。她这是告诉圣子：经她洗过的马桶，不仅外表光洁如新，里面的水也是干净的。

野田圣子的脸立刻红了。她意识到自己的工作态度有问题，并且认识到：一个对自己的工作抱着厌恶态度的人，根本没资格在这个社会上承担起任何责任。于是，她下定决心，就是洗一辈子马桶，也要做一个最出色的洗马桶的人。终于有一天，她也可以当着别人的面，把自己洗过的马桶里的水，盛一杯，眉头不皱地喝下去。后来，野田圣子 37 岁时，就做了日本的邮政大臣。

这个故事在日本广为人知，成为诠释工作责任心最典型的事例。在有着高度责任感的人眼里，世界上没有卑微的工作，只有卑微的工作态度。只要尽心尽力地去做，再不顺心的工作也会变成最出色的工作。

9

抱着非成不可的决心工作

养成了敷衍了事的恶习，
做起事来往往就会不诚实。

每一个借口背后，都隐藏着丰富的潜台词，只是我们不好意思说出来，甚至我们根本就不愿说出来。借口让我们暂时逃避了困难和责任，获得了些许心理的慰藉。但是，借口的代价却无比高昂，它给我们带来的危害一点也不比其他任何恶习少。

在某大型机构一座雄伟的建筑物上，有句感人至深的格言——在此，一切都追求尽善尽美。“追求尽善尽美”值得我们每个人做一生的格言。如果每个人都能采用这一格言，践行这一格言，决心无论做任何事情，都要竭尽全力，以求得尽善尽美的结果，那么人类的福利不知要增进多少。

要实现成功的唯一方法，就是在做事的时候，抱着非做成不可的决心，抱着追求尽善尽美的态度。而那些为人类创立新理想、新标准，扛着进步的大旗、为人类创造幸福的人，就是具有这样素质的人。

有人曾经说过：“轻率与疏忽所造成的祸患不相上下。”有许多人之所以失败，就是败在做事轻率这一点上。这些人对于自己所做的工作从来不会做到尽善尽美。

很多职场人总是习惯性地忽略职位的晋升是建立在忠实履行日常工作职责的基础上的，也习惯性忘记只有做好目前所做的职业，才能使他们渐渐地获得价值的提升。

有许多人在寻找发挥自己本领的机会。他们常这样问自己：“做这种乏味平凡的工作，有什么希望呢？”可是，就是在这极其平凡的职业中、极其低微的位置上，往往藏着极大的机会。只有把自己的工作，做得比别人更完美、更迅速、更正确、更专注，调动自己全部的智慧力量，从旧事中找出新方法来，这样才能引起别人的注意，才能使自己有发挥本领的机会，从而满足心中的愿望。所以，不论月薪是多么微薄，都不该轻视和鄙弃自己目前的工作。

在做完一件工作以后，应该这样说：“我愿意做那份工作，我已竭尽全力、尽我所能来做那份工作，我更愿意听取人家对我工作的批评。”

成就最好的工作，需要经过充分的准备，并付出最大的努力。

英国的著名小说家狄更斯，在没有完全预备好要选读的材料之前，决不轻易在听众的面前诵读。他的规矩是每日把准备好的材料读一遍，直到六个月以后才读给公众听。

法国著名小说家巴尔扎克有时因为写一页小说，会花上一星期的时间去体验生活和思考，而一些现代的写作者，还在那里惊讶巴尔扎克的声誉是从哪里来的。

许多人对工作敷衍了事，借口是时间不够，其实按照各人日常的生活，都有着充分的时间，都可以做出最好的工作。如果养成了做事务求完美、善始善终的习惯，人的一辈子必会感到无穷的满足。而这一点正是成功者和失败者的分水岭。成功者无论做什么，都力求达到最佳境地，丝毫不会放松；成功者无论做什么职业，都不会轻率疏忽。

第五章

忠于职守，乐在工作

忠心的员工是企业的财富，也是企业真正需要的人。忠于职守是一种工作态度，更是一种工作方法和工作哲学。从平凡到优秀，其实只有一个秘诀，那就是工作上要忠心一点，再忠心一点。只要忠心去做，每个人都能成为最优秀的员工。

1

忠诚是企业最为重视的品质

忠诚是为古今中外广泛赞誉的一种美德，
一种信念，一种能力。

很多员工并不是很理解，一提到“忠诚”二字，大家的第一反应是觉得这个词实在老旧，同时认为在市场经济下的企业与员工是以业绩换取报酬的关系，谈忠诚似乎不合时宜。其实，这是对忠诚这一品质的极大误解。

忠诚是中华民族传承几千年的优良品德。那么，到底什么是忠诚呢？从词面上解释，“忠”是全心全意始终如一，“诚”是诚实守信，公平正直，“忠诚”是指一个人对他人或事业具有真诚之心并能尽心竭力为之奋斗。忠诚是一种义务，是一种能力，也是一种人生态度，是对自己事业负责的内动力源，也是人生意义所在。忠诚不仅是一种耐力，而且是一种能真真正正走进人们的内心并凝固成一种高贵的精神品质。

许多管理者都将自己组织的核心精神归纳为忠诚、敬业。一位成功学家曾经说过:“如果你是忠诚的，你就会成功。”因为只有忠诚于自己的工作，全部智慧和精力才可以专注在事业上。一个对自己岗位忠诚的人，不仅仅局限于忠于他自己的理想，忠于一个企业，忠于一个行业，而且甚至是忠于社会与人类幸福的。

越是在团队遇到困难的时候，员工对团队的忠诚就越会受到考验。团队面临危机之际，正是检验员工忠诚与否的最好时机。只有忠实于团队的员工才能在这种考验中顺利过关，和团队共同发展。

忠诚，应该贯彻于每个人职业生涯的始终，否则，算不上真正的忠诚。

牧师法兰克·格兰先生曾经这样说明忠诚的重要性：如果你忠实于他人，有可能会受到欺骗，但是如果你忠诚不足，就会活得十分痛苦。

生活中的一些现象会使人们产生错误观念，认为忠诚老实之人往往穷困潦倒，偷奸耍滑之人反而功成名就。持有这种观点的人，只看到事物的表象。实际上事实绝非如此。

观察一下那些在公司中能够快速得到提升的员工，他们看起来无忧无虑，得心应手好像没有什么苦恼，因为他们考虑的只有如何比别人做得更好，而不会心不在焉，想着怎样找一个薪水更高的公司。因此，他们基本上不会因情绪的摇摆而困惑。

三心二意的员工，总是这山望着那山高。他们摇摆不定，使自己的航向一会儿往东，一会儿又转向西。而忠诚的人总是坚守着人生的航船，不肯轻易地改变航向。即使有大的风浪，他们也会镇静地掌稳船舵，继续航行。

忠诚比能力更重要，能力可以通过实践的增多而不断提升，忠诚却是一个人难得的人格秉性。将忠诚当成一种习惯的人，能够很快从工作中学到更多的东西，积累更多的经验；将忠诚当成一种习惯的人，更受人尊重，很容易感染他人，容易引起企业领导者的的注意而受到重用。

2

忠诚于企业，就是忠诚于自己的事业

能力再强，
如果缺乏忠诚，也往往被人拒之门外。

如果说，智慧和勤奋像金子一样珍贵的话，那么还有一种东西更为珍贵，那就是忠诚。忠诚于企业，从某种意义上讲，就是忠诚于自己的事业，就是以不同的方式为一种事业作出贡献。忠诚体现在工作主动、责任心强、细致周到地体察领导和上司的需求。忠诚还有一个最重要的特征，就是不以此作为寻求回报的筹码。

下级对上级的忠诚可以增强管理者的成就感和自信心，可以增强集体的竞争力，使企业更好更快地发展。因此，许多管理者在用人时，既要考察其能力，更看重个人品质，而品质最关键的就是忠诚度。一个忠诚的人十分难得，一个既忠诚又有能力的人更是难求。忠诚的人无论能力大小，领导都会给予重用，这样的人走到哪里都有条条大路向他们敞开。相反，能力再强，如果缺乏忠诚，也往往被人拒之门外。毕竟在人生事业中，需要用智慧来做出决策的大事很少，需要用行动来落实的小事甚多。少数人需要智慧加勤奋，而多数人却要靠忠诚和勤奋。

当今社会忠诚已经变得越来越稀缺了。许多企业花费了大量资源对员工进行培训，然而当他们积累了一定的工作经验后，往往一走了之，有些甚至不辞而别。那些留在企业的员工则整天抱怨企业和领导者无法提供良好的工作环境，将所有责任全部归咎于管理者，但是，我们发现，在管理机制良好的企业，跳槽现象也会频繁发生，因此，忠诚和员工本身的心态是有着很大关系的。

缺乏忠诚度，频繁地跳槽直接受到损害的是企业，但从更深层次的角度，对员工的伤害更深。无论是个人能力的积累，还是所养成的“这山望着那山高”的习惯，都使员工价值有所降低。他们对自己的内心需求没有认真地反思，对自己奋斗的目标没有清晰的认识，自然无法选择自己的发展方向。

人一生恐怕要走几条弯路，才能达到自己想要达到的地方。从职业的角度，难免要调换几种工作。但是这种转换必须依托于整体的人生规划。盲目跳槽，虽然在新企业收入能有所增加，但是，一旦养成了这种习惯，跳槽不再是目的，而成为一种惯性。

著名银行家克拉斯年轻时也不断地在变动工作，但是他始终抱有一种理想——想管理一家大银行。他曾经做过交易所的职员、木料企业的统计员、簿记员、收账员、折扣计算员、簿记主任、出纳员、收银员等，试了一样又一样，最后才接近自己的目标。

他说：“一个人可以有几条不同路径达到自己的目的地。如果能在一个机构里学到自己所需的一切学识和经验当然很好，但大多数情况下需要经常变化自己的工作环境。面对这种情况，我认为他必须懂得自己想做什么，为什么要这样做。”

“如果我换工作仅仅是为了每周多赚几块钱，恐怕我的将来早为现在而牺牲了……我之所以换工作，完全是因为现在的企业和领导无法再给我带来更多的教益了。”

人们在跳槽时往往潇洒，但是真正面对工作时却是如此无奈。一个频繁转换工作的人，在经历了多次跳槽后，发现自己不知不觉中形成了一种习惯：工作中遇到困难想跳槽，人际关系紧张也想跳槽，看见更高薪酬的工作想跳槽，有时甚至莫名其妙就是想跳槽，总觉得下一个工作才是最好的，似乎一切问题都可以用转移阵地来解决。这种感觉使人常常产生跳槽的冲动，甚至完全不负责任地一走了之。

久而久之，自己不再勇于面对现实，积极主动克服困难了，而是在一些冠冕堂皇的理由下回避、退缩。丧失了成就事业最宝贵的忠诚和敬业精神，变得心浮气躁，凡事浅尝辄止，遇难而退，空有远大理想，无心执着追求，这才是一个职场人最大的悲哀。

3

敢做敢当就是最大的忠诚

推诿带给整个团队的只能是相互抱怨与敷衍塞责。

汤姆是某家大型建筑企业的质检员。有一次，由于他工作疏忽致使企业购进了一批质量不合格的钢材。幸好在投入使用之前，这批劣质钢材被另一位质检员及时发现了，并迅速地将此事呈报给了领导，才使得工程质量没有因此而受到影响。

由于汤姆平时工作认真、负责，再加上此次事件未给企业造成太大的损失，因此，事后领导并未因这件事情对汤姆耿耿于怀。但汤姆却主动找到了领导，真诚地向他承认了错误，并表示对此事件负责，他要求领导按照企业的相关规定，给自己一定的经济处罚。

领导见汤姆在责任面前不推诿、不狡辩，反而敢做敢当，主动承担，不但没有责罚他，反而在一个月后，出人意料地提升汤姆为质检部经理。

面对其他员工不解的眼光，领导解释道："汤姆在工作上出过错，从这点来看也许不是质检部经理最合适的人选，但是他能毫不推诿主动认错，并愿意承担责任，而这一点也同样是我最看重的。"

遇到责任不推诿，而且无条件地承担，这是对企业和领导者，也是对自己的最大的忠诚。

对于在工作中出现的失误，勇于承担责任，不仅仅体现出员工的勇气，更主要的是标志着一个卓越员工敢于对工作负责的态度，这也是一个员工能否胜任工作，能否干好工作，是否忠诚于企业的标志。

现代企业中，管理者越来越需要那些无条件忠诚于企业，勇于承担责任，毫不推诿的员工。推诿是对待工作责任的一种逃避态度，不仅仅不会给企业带来任何收益，相反，它带给整个团队的只能是相互抱怨与敷衍塞责。这两种结果都是每个团队最应该杜绝的。推诿造成的最严重后果是使得整个企业的凝聚力土崩瓦解。从这个意义上来说，推诿对企业和其他员工而言是一种莫大的罪过。

一家企业的总裁李先生最初与人合作开办企业，他找到了有志于在实业界大展拳脚的几个同伴，一起组成了一个创业团队。最后，李先生成为这个团队领袖和企业总裁。然而，创业伊始，李先生并没有如此的卓越和突出，李先生获得同伴的信任是缘于他的一次过失。

一次，李先生与同伴们一起和一家煤炭进出口企业签订协议，由于他们事先没有仔细对比考察相关价格，所以在签署协议以后才发现，他们的价格比起最低价格高了整整三成，也就是说，他们多花了一大笔冤枉钱。

当看到这个结果时，大家都很沮丧，但谁也不好说这件事究竟是谁的责任。就在这个尴尬的情况下，李先生主动站了出来，他对大家说这是他的责任，作为负责与那家企业联络的人员，他有责任好好调查相关原料的价格。现在出现这样的结果，他愿意承担所有的责任。对于给团队造成的损失，他愿意通过扣除当年的分红以作为弥补。当他说完这个让自己来承担责任的办法后，其他同伴都深受感动。因为他这样的行动表明了他是一个真正敢于承担责任的人，为此，其他同伴达成一致意见，团队中的损失由大家共同承担，从当年大家的分红中扣除。除此以外，他们还一致推选李先生作为团队的领袖，并最终推选李先生为企业总裁。

其实，很多团队的破产倒闭在很大程度上就是企业人员间的推诿所酿成的恶果。其实在问题真正变得严重起来之前，必然会有人意识到企业的一些弊端。这些问题当然是由一些人造成的，但是责任者到哪儿去了呢？他们没有勇敢地站出来承担自己造成的结果，而是将责任推给了别人。这恰恰就是一些企业的悲哀之处：在企业长时间缺乏竞争力的时候，他们迫切考虑的不是如何将自己的才能贡献出来为企业走出困境做出努力，恰恰相反，他们想到的却是如何逃避责任。正是因为有这样不忠诚的员工，企业才被推向了一条绝路。所以，企业的兴衰，与每个员工都是密不可分的。

一个忠诚的员工，不仅要做好自己的事情，更要把企业的事情当作自己的事情来做。敢做担当，忠于职守，是为了企业和组织，更是为了自己。

4

责任和忠诚是团队精神的内核

西点军校的校训：

责任、荣誉、国家。

在美国海军陆战队，每个队员都持有一张卡片，正面写着“荣誉、勇气、责任、诚信”，背面写着陆战队员需恪守的 8 项准则，这就是陆战队的核心价值卡。

陆战队发行核心价值卡的惯例始于 1995 年。每个队员都要在卡片上署上姓名并随身携带，各级长官会不时抽查。在新训营中，教官们更是想尽一切办法，随时要求学员背诵卡片上的内容。

在核心价值卡上，每个陆战队员的签名都代表着一种承诺、一种责任，也都意味着他们必须对它永远忠诚！陆战队录取官说：“我们看重的是人品，不是技能。”技能可以培训，而品行的培养却非朝夕之功。

忠诚于团队核心价值观的人能够为集体荣誉着想，能够承担并践行承诺的责任，能够忠实地执行命令，能够自觉复命，无须监督，能够及时承认和改正错误，保障任务高效率完成。

陆战队强调荣誉，也身体力行地张扬荣誉。在陆战队里，每批队员获得晋升，每次公布奖励，甚至每批学员从新训营毕业，都要举办正规而隆重的庆典。这种公开的正面嘉许和荣誉赋予了队员们更多的期望和责任。

正是由于这些鲜明的核心价值观深入人心，陆战队员才能够在执行过程中，以最高标准服从命令，及时复命，完成任务，成为世界上一支骁勇善战的军队。

海军陆战队的团队管理实际上带给企业管理者诸多启发。海军陆战队团队建设遵循几个简单而适用的原则。

忠诚原则。团队成员绝对忠诚于团队和战友。

少而精原则。成员不在于多，二人搭档的“亲密朋友”系统常常胜过一群人。

自我控制原则。每一个成员，都必须有极强的自我控制能力。

归属原则。每一个成员，都必须树立强烈的归属感，融入团队中去。

协同原则。任何时候，成员都必须协同一致，包括协同侦察、协同射击、协同渡河等。

在今天，团队精神成为各企业的核心，一个有高度竞争力的组织不但要求有完美的个人，更要有完美的团队。对组织而言，忠诚就是团队建设的核心要求。组织制胜的精神法宝就是责任和忠诚。失去责任和忠诚，组织就无法再具有竞争力，甚至不能称其为组织。那些忠诚于领导、忠诚于组织的员工，都是能担当责任、不找任何借口的员工。在本职工作之外，他们还积极地为组织献计献策，尽心尽责地做好每一件力所能及的事。而且，在危难时刻，这种忠诚会显现出更大的价值。能与组织同舟共济的员工，他的忠诚会让他达到想象不到的高度。

因此，组织有必要将责任和忠诚作为组织的文化和精神纳入自己的管理体系中，加强员工责任感和忠诚度的培训。

5

一个人的荣誉来自忠诚

为荣誉而工作，就是为忠诚而工作，
就是对企业忠诚的表现。

荣誉感是一种宝贵的精神财富。树立荣誉感，为荣誉而工作，是我们每位员工人生价值的最高境界。

当你以自己的工作为荣，当你以所处的企业为荣，当你将做好自己的工作视作自己的荣耀时，你会发现，你的体内拥有了一股强大的推动力，你不再视工作为一种谋生的手段，你会把它当成自己的一份事业，而工作对你而言，将不再是枯燥乏味的，它将不断地带给你乐趣与幸福。

在日本，有一项极高的荣誉——“终身成就奖”。有一年，“终生成就奖”在全国殷切的瞩目当中，颁给了一个极为平凡的人物，他的名字叫清水龟之助。

清水龟之助是一名邮差，他每天的工作，就是将各式各样的邮件，分送到每一个家庭。这样的工作平淡无奇，比起许多学者专家们，清水龟之助的工作，真可说是微不足道。

而清水龟之助之所以获得“终身成就奖”，主要的原因就在于他从事邮差工作前后 25 年期间内，清水龟之助从未有过请假、迟到、早退等任何缺勤状况。

在25年当中，清水龟之助的工作态度，始终和他第一天入职时一致。不管狂风暴雨、天寒地冻，甚至连数次日本大地震灾难当中，清水龟之助总是能够准确地将信件交到收件人的手上。

清水龟之助表示，只要一想起那种令他感动的神情，即使再恶劣的天气、再危险的状况，也无法阻止他一定要将信件送达的强大决心，这正是清水龟之助完成这项伟大成就的真正动力。

是什么样的力量，让清水龟之助能够不屈不挠、持之以恒地将一件极为平凡的工作，做成了伟大的成就呢？也许从清水龟之助的获奖感言中，我们可以得出结论。

清水龟之助拙于言辞，他的得奖感言，只有极简单的陈述。他木讷地告诉所有的人，他之所以能够25年如一日地做好邮差的工作，主要是他喜欢看到人们收到远方亲友捎来的信件时，脸上那种喜悦无比的表情。

对大多数人来说，邮差只是一份枯燥乏味的工作；对少数人来说，邮差是一个让人喜欢的职业；而对像清水龟之助这样的人来说，送信是一种快乐，一种使命，一种荣誉，而这种荣誉，来自他对工作的责任感，对工作的忠诚。

在著名的美国西点军校的教育中，荣誉教育始终处于优先的地位。责任、荣誉、国家，是西点军校闻名于世的校训。在其22条军规中，荣誉原则就被列为其中一项，西点人将荣誉看的至高无上。

很多人不理解的是，西点军校要求每位学员必须熟记所有的军阶、徽章、肩章、奖章的样式和区别，记住它们所代表的意义。甚至皮革等军用物资的定义、西点会议厅有多少盏灯、校园蓄水池里的蓄水量有多少升等诸如此类的问题，学员们都要记住。这样的训练和要求，看似毫无道理，但却在无形中培养了学员们的荣誉感。西点军校的荣誉教育使人追求完美，荣誉感促使每位西点毕业生，将尽力发挥自己的能力去为国家效力。

和西点军校一样，每个企业也如同一个部队。作为企业中的一员，我们每个员工都喜欢在自身所处的组织中获得荣誉感，而这种荣誉感是来自企业的发展、规模、利润、领导者、产品、服务等各方面的，企业的壮大无疑会让我们感到自豪。企业要想生存、发展壮大，就要靠我们每一个员工来捍卫企业的荣誉。

有一位学者曾经说过：如果你拥有荣誉，你就可以获取你想要的财富；相反，一个拥有财富却失去荣誉的人，不仅不可能再获得财富，连已经获得的也会失去。也就是说，金钱买不来荣誉，但是荣誉却可以为一个人赚来金钱。

看看下面这个例子吧。

林浩在一家软件企业上班，但他只是一名普通的软件销售员。有一天，他很意外地被通知在家待岗。待岗比辞退好不到哪里去，只不过每月能够领取一点点象征性的生活费而已。之前，他一直都拿着较低的薪水，没有什么积蓄，一家人的生活一下陷入了困境。

待在家里才几天，他就一连接到了三个奇怪的电话。打电话的人自称是他原来上班的那家企业的竞争对手，他希望林浩为他们提供一些那家企业的市场机密，之后他会给林浩提供一份工作或者 10 万元作为回报。

第一次接到电话时，林浩断然拒绝了。第二次，那个人将报酬提高到 20 万元，林浩还是严词拒绝了。

“你那家企业已经让你待岗了，跟辞退你有什么区别，你没有必要为他们保守秘密了，不值得呀！”电话里的那个人劝说道。

“替企业保守秘密，是我的做人原则，别说我还没有被辞退，即使被辞退了，我也会如此的，你不必再说了。”林浩再一次拒绝了。

第三个电话打来时，林浩正在四处借钱，以维持家庭生活之用。而这时，电话里的那个人开的价已高达 40 万元！

林浩还是拒绝了。

电话再也没有打来，一切似乎都过去了。然而，一个星期后，林浩很意外地被通知去上班，领导把代表企业最高荣誉的奖章——忠诚奖章发给了他，同时，领导还发给他一份聘书，聘任他为企业市场开发部经理。

原来，那三个电话都是领导安排他人打的，根本不存在什么竞争对手，那不过是一次干部聘任前的考察罢了。

林浩用忠诚捍卫了自己的荣誉，同时，他也因此而赢得了更高的荣誉，并且得到了领导的充分信任，被委以重任。林浩之所以会对企业如此忠诚，是因为他重视自己的荣誉，他认为一个人可以没有金钱，但是不能没有企业荣誉感。

荣誉来自忠诚，你努力工作，忠诚于企业，在捍卫企业荣誉的同时，也将树立自己的荣誉。有人说，荣誉与忠诚之间是双向的，两者存在着良性循环。因为拥有荣誉的人会更加珍惜自己获得的荣誉，同时也会表现得更加忠诚，他会努力捍卫自己的荣誉，而荣誉又来自于忠诚，要捍卫荣誉就需要忠诚，因此，可以说荣誉强化忠诚。

忠诚的员工可以获得更高的荣誉，荣誉感强的员工也会更加忠诚于企业。没有羞耻之心的人就不会顾及自己的荣誉，这些人也是最容易背叛企业的。在他们眼里金钱价值更高，为了金钱利益，他们会出卖企业的秘密，出卖自己的人格。而当一个人心中充满荣誉感的时候，他会听从内心职责的召唤，会发挥出极大的工作热情，因而也能更迅速、更容易地获得成功。

6

对职业的忠诚，也是对自己的负责

只有企业有了更好的发展，
员工自身的价值才能得以最终实现。

艾比是一家企业的业务部副经理，刚刚上任时间不长。他年富力强，毕业刚刚两年就有这样的成就也算是非常优秀了。然而半年之后，他却悄无声息地离开了企业，员工们谁都不知道他为什么离开。

艾比离开企业之后，有一次恰好碰到他原来关系不错的同事比利。在酒吧里，艾比喝得大醉，他对比利说："你知道我为什么离开吗？我非常喜欢这份工作，但是我犯了一个不可饶恕的错误，我为了获得一点儿蝇头小利，失去了作为企业职员最宝贵的东西。虽然总经理没有追究我的责任，也没有向员工们公开我的事情，算是对我仁至义尽，但我真的很后悔，你千万别犯我这样的低级错误，实在不值得啊。"

比利尽管听不明白，但是他推测这一定和钱有关。后来比利知道了，艾比在担任业务部副经理时，有一次收过一笔款，业务部经理说可以不入账了："没事儿，大家都这么干，你还年轻，以后多学着点儿。"艾比虽然觉得这么做不太好，但是在金钱的诱惑下他也没拒绝，半推半就地收下了这一笔钱。当然，业务部经理拿到的更多。没多久，业务部经理就辞职了。后来，总经理知道了这件事，艾比再也没有颜面在企业待下去了。

比利看着艾比落寞的神情，知道他一定很后悔，但是有些东西失去了是很难弥补的。艾比失去的是对领导的忠诚，难道还能奢望领导仍然相信他吗？

对企业忠诚，实际上是一种对职业的忠诚，也是对自己的高度负责。企业需要忠诚并且有能力的员工，因为企业的成就靠忠诚的员工全力创造，企业的名誉靠忠诚的员工小心维护，企业的力量靠忠诚的员工共同凝聚。只有企业有了更好的发展，员工自身的价值才能得以最终实现，人生之路才会越走越宽。

当一个人确认自己属于某个团队时，他就会自觉地认为他必须为团队尽心尽力地奉献，才能得到团队的接纳和认可。所以，忠诚能够确保有效完成任务，以及对责任的勇敢担当。

一家人力资源部经理说："当我看到申请人员的简历上写着一连串的工作经历，而且是在很短的时间内，给我的第一感觉就是这个人的工作换得太频繁了。频繁地换工作并不意味着一个人工作经验丰富，恰恰说明了一个人的适应性很差或者工作能力低，如果他能快速适应某种工作，就不会轻易离开那里，因为换一项工作的成本也是很大的。"

任何企业都不希望看到自己的员工是一个不忠诚的人。"我们需要忠诚的员工"，这是所有管理者共同的心声。因为他们最清楚，不忠诚会给企业带来什么。只有自下而上做到了忠诚，才可以使一个企业发展壮大。

一个人要想成功，就必须对自己的事业保持忠诚。忠诚，可以催人奋进，有了它，可以使员工在自己所从事的领域里大显身手；没有它，则容易一无所获。所以，只要你依然是某企业的员工，你就应该而且必须对这个企业忠诚，并恪尽职守。这既是对企业负责，也是对你自己负责。

7

忠诚是执行的最大动力

缺乏忠诚而又执行力强的“能人”，
最为可怕。

忠诚是执行任务的最大动力，这个理念在企业以及其他任何组织里，都是适用的。

在任何时候，企业的资源都是有限的，即使沃尔玛、可口可乐这一类企业，也不能保证应有尽有，在这样的企业里执行任务，也不是想象的那么容易。那些处于成长期的中小企业，就更不用说了。

很多时候，企业都面临这样的困难：条件不具备，资源太有限，却又必须执行经营任务。成功的管理者知道用员工的忠诚来弥补条件和资源的不足。一位 CEO 说，在完成一项具有难度的任务过程中，忠诚发挥 70% 的作用，个人能力发挥 15% 的作用，企业支持发挥 10% 的作用，其他因素占 5%。

鲍勃尔原本是企业的一名普通生产工人。1992 年，企业招聘营销人员时，他主动请求调入营销部门，并顺利通过了从事营销工作的所有测试，于是他顺利进入了营销部门。

当时，企业的规模还很小，只有 30 多人，想开发更多的市场却苦于财力和人力不足，因此每个市场只派了一个人。鲍勃尔被派到了西部一个市场。

在这个完全陌生的城市里，鲍勃尔吃尽了苦头，但凭着对企业的一片赤诚之心，他丝毫没有动摇。没钱坐车，他就步行，挨家挨户去推销企业的电器产品。为了等一个约好的客户，他常常顾不上吃饭，因此患上了严重的胃病。他租住的是当地人闲置的车库，没有电灯，即使白天也伸手不见五指。更为要命的是，这个城市春天经常有沙尘暴，夏天时常会下冰雹，冬天又冻雨连连，这对一个物质条件贫乏的推销员来说无疑是一个巨大的考验。甚至有一次，鲍勃尔差点被冰雹击晕过去。

不仅如此，企业的条件也差到超乎鲍勃尔的想象，连产品宣传资料都无法供应。鲍勃尔只好买复印纸，自己手写宣传资料。

在这样的条件下，鲍勃尔始终没有退缩，他对自己说："我必须忠诚于我所从事的这份工作。"一年后，被派到全国各地的营销人员都回来了。其中六人早已不堪忍受工作的艰辛而悄悄地离职了，只有鲍勃尔坚持下来了，而且他是干得最好的一个。

最好的员工当然会有最好的回报，三年后，鲍勃尔被任命为市场总监，而这时的企业已经发展成为拥有上千人的中型企业。

忠诚的员工知道在执行中创造条件，在执行中去积累资源，相反，缺乏忠诚的员工却只会等、靠、要，任务完不成，他们也有借口："现在条件还不具备，不能责怪我！"

近一两年，关于执行力方面的图书相当畅销，在这些著作中，都十分强调执行流程的设计，比如，保罗·托马斯和大卫·伯恩就在其著作《执行力》中强调人员流程、战略流程和运营流程的设计以及三个流程的结合。流程固然是重要的，但缺乏忠诚，所有的流程都会流产。

有一个精于流程设计和管理的跨国企业，却因为对忠诚的忽视而遭受巨大损失。

这家企业曾经派出一个"三人小组"，前往南亚地区采购原材料。三人小组手中随时拥有上千万美元的资金，总部却对资金的安全相当放心，因为：第一，小组有着完善的工作手册和几乎滴水不漏的控制制度；第二，三个人的工作相互牵制，一个负责合同洽谈，一个负责资金往来，一个负责物流；第三，芝加哥总部要求他们每天传真资金开支报表，并且可以通过互联网随时监控资金余额。

就在总部以为三个人能够非常出色地执行采购任务时，严重的问题却在滋生。

有一天，三个人同时对手中上千万的资金产生了据为己有的念头。瓜分！三个人一拍即合。他们也为自己设计了流程：首先，找到了供应总代理商中的一位会计人员，许以好处费，如果芝加哥总部对资金走向表示怀疑，就让这位会计来应付，假称钱划给各个中小供应商了，反正口头上的说法又不必负太多法律责任；其次，将上千万美元化整为零，转入各个临时设置的个人账户；再次，在准备好潜逃的机票时，将钱提出来。

一切都按流程进行，就在芝加哥总部还在等又一批材料运到时，三个人已经到了一个没有人知道的地方，逍遥地享受着瓜分来的美元。

芝加哥总部在管理上的最大失误，莫过于对忠诚的忽视。执行力自然是完成任务的重要武器，但是，如果这重要武器交到了恐怖分子手里，那么结果自然不言而喻。我们在选人和用人时，执行力应该排在忠诚度之后，缺乏忠诚而又执行力强的“能人”，那才最为可怕。

8

忠诚会让你赢得更多机会

忠诚会为我们的工作带来更多的美好情愫，

推动原地踏步的脚步向前迈出。

一个著名的日本企业是这样选择他们的员工的，首先是忠诚于企业的工作能力强的人，然后是忠诚于企业的人，而那些不忠诚于企业的人能力再强也永不录用，大概是他们明白这些对企业没有忠诚的人对企业会造成的伤害往往是致命的。

汤姆是一家网络企业的技术总监，由于企业改变发展方向，他觉得这家企业不再适合自己，决定换一份工作。以汤姆的资历和在 IT 业的影响，以及原任职企业的实力，找份工作并不是件困难的事情。有很多家企业早就盯上他了，以前曾试图挖走汤姆，但都没成功。

这次，是汤姆自己想离开，真是一次绝佳的机会。很多企业都抛出了令人心动的条件，但是在优厚条件的背后总是隐藏着一些东西。汤姆知道这是为什么，但是他不能因为优厚的条件就背弃自己一贯的原则，汤姆拒绝了很多家企业对他的邀请。最终，他决定到一家大型的企业去应聘技术总监，这家企业在全美乃至世界都有相当的影响力，很多 IT 界人士都希望能到这家企业工作。

面试汤姆的是该企业的人力资源部主管和负责技术方面工作的副总裁。对汤姆的专业能力他们并无挑剔，但是他们提到了一个令汤姆很失望的问题。“我们很欢迎你到我们企业来工作，你的能力和资历都非常不错。我听说你以前所在企业正在着手开发一个新的适用于大型企业的财务应用软件，据说你提了很多非常有价值的建议，我们企业也在策划这方面的工作，能否透露一些你原来企业的情况，你知道这对我们很重要，而且这也是我们看中你的原因之一。请原谅我说得这么直白。”副总裁说。

“你们问我的这个问题很令我失望，看来市场竞争的确需要一些非正常的手段。不过，我也要令你们失望了。对不起，我有义务忠诚于我的企业，即使我已经离开，到任何时候我都必须这么做。与获得一份工作相比，忠诚对我而言更重要。”汤姆说完就走了。

汤姆的朋友都替他惋惜，因为能到这家企业工作是很多人的梦想。但汤姆并没有因此而觉得可惜，他为自己所做的一切感到坦然。没过几天，汤姆收到了来自这家企业的一封信，信上写着：“你被录用了，不仅仅因为你的专业能力，还有你的忠诚。”

这家企业在选择人才的时候，一直很看重一个人是否忠诚。他们相信，一个能对自己原来企业忠诚的人也可以对自己的企业忠诚。这次面试，很多人被淘汰了，就是因为他们为了获得这份工作而对原来的企业丧失了最起码的忠诚。这些人中不乏优秀的专业人才，但是，这家企业的人力资源部主管认为，如果一个人不能忠诚于自己原来的企业，人们很难相信他会忠诚于别的企业。

一个人的忠诚不仅不会让他失去机会，相反会让他赢得机会。除此之外，他还能赢得别人对他的尊重和敬佩。人们应该意识到，取得成功的因素最重要的不是一个人的能力，而是他优良的道德品质。忠诚铸就信赖，而信赖造就成功。一旦养成对事业高度的责任感和忠诚，你就能在逆境中勇气倍增，面对引诱不为所动；就能具备让有限资源发挥出无限价值的能力，争取到成功的砝码。

第六章

打破界限，勇于承担

按照“做得越多，错得越多”的基本原理，能够经常主动承担责任、积极开展工作的人，肯定犯的错误也多，受到领导批评也多，似乎是吃亏了。但是，久而久之，个人品牌和个人信誉就会形成，这是一笔珍贵的无形资产。

1

是自己的责任就决不推给别人

有成绩是自己的，有错误是别人的，
这样的想法不可取。

每承担一项新的工作，或者担任一个新的职位，你都要问问自己，我的责任是什么？如果有错误就推给别人，这样做是很不可取的。

“明确自己的责任是什么”包括几层意思：一是要明确自己是一定要承担责任的，而不是没有责任；二是要明确自己该负有哪些责任，只有明确了，才能承担起属于自己的责任，并且不会出现职责模糊、形势不清的情况。

在第二次世界大战时期，也有一个著名的勇于承担责任的案例。

盟军最高司令艾森豪威尔将军的参谋长费雷德里克·摩根中将早在1942年底和1943年初就对诺曼底登陆行动进行了长时间的周密策划，但是，英国首相丘吉尔和艾森豪威尔将军都对这一计划能否取得成功表示怀疑。

当时，艾森豪威尔甚至用铅笔在草稿纸上写下了在登陆行动失败后他将宣读的文字。那段文字是：“我们在瑟堡—阿费尔地区登陆时，未能找到令人满意的据点，我已下令撤回部队。我是依据我得到的最佳情报做出发动进攻的决定的。空军和海军部队表现出了英勇无畏和忠于职守的精神。如果这次登陆行动失败，责任由我一个人承担。”

在这一事件中，艾森豪威尔将军展现出了崇高的职业精神。他清楚自己的责任是什么，虽然，他完全可以将责任推给执行命令的将领，或者推给作战的士兵，但是他没有那么做。虽然他可以找出各种借口为自己开脱，诸如天气问题、装备问题、敌人太狡猾、消息泄露等，但他没有寻找任何借口。

在职场上，很多人不清楚自己的责任，却非常清楚他人的责任，当工作出了问题，他们不会在自己身上找问题，而总是说“这是某某的责任”。尤其是责任模棱两可或者在责任共担的情况下，他们总会想方设法地把自己的责任推得一干二净。

小A两年前担任某企业的财务总监。有一次，他下属的财务部在计算客户返利时，多计算了五万元，而这五万元已经肯定是收不回来了。

领导知道这事后很生气，他把小A叫到办公室。“你手下的人出了这个问题，这么长时间，你竟然没有发现？”领导说。

“这些返利，通常是由营销部报到财务部，财务部签了字之后我再签，我事情太多，当时没有看明白。”小A说。

“没有看明白？难道你的事情比我还多吗？”领导说。他把小A叫来问话，实际上也并不是要小A承担损失，只是给他敲敲警钟，不要让类似的事情再发生，小A却以事情多为由推卸责任，首先从态度上就不过关，这一点令领导很失望。

小A自知话没说对，赶紧表示立即处理此事，但他出口的话更糟糕：“我立即去处罚财务部经理。”

“处罚财务部经理？”领导终于愤怒了，“难道你认为自己就没有责任？难道你认为处罚就能够解决问题？我本来不想处罚任何人，但我现在觉得你才最该受到处罚，你的责任意识差到让人非常失望的地步了！这事应该由你负全部责任！”

作为财务部总监，财务部出了问题，他是有责任的。小A在于没有明白自己的责任，而是一开始就为自己开脱，进而拿下属来垫背，这是让领导非常愤怒的根本原因。

埃克森石油集团的副总裁爱德·休斯说：“工作出现问题是自己的责任的话，应该勇于承认，并设法改善。慌忙推卸责任并置之度外，以为领导不会察觉，未免太低估领导的能力了。我不愿意让那些热衷于推卸责任的员工来做我的部下，这会使我不踏实。”

工作中，谁都不希望出现失误，但一旦做错了事，就不要推卸责任。然而，生活中为自己的错误竭力开脱的人却比比皆是，他们以为这样会把责任推得一干二净，可以保全自己“从不犯错”的良好形象，殊不知，上司能够容忍员工犯错，却无法宽恕一个人推脱责任。

在领导看来，一个员工对待错误的态度可以直接反映出他的敬业精神和道德品行。一个称职的员工，对于自己应该承担的责任就该负责，而不是随便找个理由推脱。推脱责任是有害无益的，它会断送一个人的前途，并注定一个人平庸的结局。

2

赢在自动自发地工作

成功的果实哪怕掉得满地都是，
也得靠你自己弯腰去捡，
而不能一味地等、靠、要，或怨天尤人。

一个优秀的员工必须要主动承担责任，做到自动自发的工作，千万不要让你的上司总是提醒你该做什么，而是自己要知道该做些什么。

大多数领导不喜欢让自己总是操心的员工，他们更欣赏那些积极、主动、知道自己该做什么的员工。所以我们每个人都应该学会在工作中“自动自发”。

什么是自动自发？即没有人要求你做事，你也能自觉、出色地做好自己的事情。这句话说简单些就是积极主动地做事。主动地要求承担更多更大的责任，并为之努力，胸怀满腔热忱，积极地去思考，去解决问题，去圆满完成分内、分外的工作。

自动自发是高效工作的前提，在现如今快节奏的商业环境中，大至企业，小至员工，要想立于不败之地，都必须奉行主动执行、自动自发的工作理念。失去一分钟，就有可能让企业失去整个计划。没有哪个不讲效率者能成为领导者，也没有哪个领导者能长期容忍不能自动自发的员工。而这样的人，也迟早会被职场淘汰。

“适者生存”的法则并不是仅仅建立在残酷的优胜劣汰基础上，而是基于公平正义，是绝对公平原则的一部分。若非如此，美德如何能发扬光大？社会又如何能取得进步？许多管理者费尽心机地寻找能够胜任工作的人，这些管理者所从事的业务并不需要出众的技巧，而是需要谨慎、朝气蓬勃与自动自发，然而他们聘请的一个又一个员工却因为粗心、懒惰、没有做好分内之事而频繁遭到解雇，却还在抱怨现行的法律、社会福利和命运对自己的不公。

在一开始，我们就应该摒除这样的观念：我是一名不需要当“将军”的“士兵”，所以我在最低限度内完成工作就可以了，无论企业怎样，我的利益都是有保障的。这种想法是错误的，无论什么企业，无论什么工作，都需要具有主动执行精神、全身心地投入到企业生存发展、与企业荣辱与共的人。

成功也是一个长期努力积累的过程，一夜成名只是极少数的个例。所谓的主动，指的是随时准备把握机会，展现超出他人要求的工作表现，以及拥有“为完成任务，必要时不惜打破常规”的智慧和判断力。知道自己工作的意义和责任，并永远保持这一种自动自发的工作态度，为自己的行为负责，是那些成就大业之人和凡事得过且过之人的根本区别。

以主动的态度来审视我们的工作，工作就不再成为一种负担，即使是最平凡的工作也会变得意义非凡。在各种各样的工作中，当我们发现那些需要做的事情，哪怕并不是分内事的时候，也就意味着我们发现了超越他人的机会。因为这自动自发地工作的背后，需要你付出的是比别人多的热情、智慧、创造力和想象力。

3

有些事不必等领导交代

主动去做好领导没有交代的事情，
这是一种必要的职业素养。

有人曾经研究为什么当机会来临时很多人无法把握？因为机会总是乔装成“问题”的样子。不要总是以“领导没交代”为由来推卸责任，当顾客、同事或领导出了某个难题时，当额外的工作出现时，说不定正是自我发展的一种机遇。

现如今，传统的对待职业的态度已不能适应现实，只有忠诚是远远不够的。那些事事待命而行，满足于完成交付给自己任务的员工，将会越来越不被认可。事实上，每位企业管理者心中都对员工有强烈的期望，那就是：不要只做我吩咐你的事，运用自己的判断力，为了企业的利益，去做自己觉得应该做的事。这一点每个员工都应该懂得。

许多年轻人将自己不能获得提升归咎于管理者不能一碗水端平。认为领导任人唯亲、猜忌下属，不喜欢比自己聪明的员工，甚至认为领导会阻碍有理想的人获得成功。事实上，对大多数管理者而言，再也没有什么缺乏合适的人才更让他焦头烂额的了，也没有什么比寻找合适的人选更让他忧心忡忡的了。只要你能够做到“不用领导交代”，自己去思考哪些事情是对企业有好处的，你的才能早晚会被领导发现。

下面就是一个很好的例子。

有一家弟兄三人均供职于某家大企业，他们的岗位一样，工作相同，但是薪水却有很大的差别：大儿子最多，二儿子次之，小儿子最少。他们的父亲对此大惑不解，于是找到企业经理，想问个水落石出。

总经理笑着说："我现在叫他们三个人分别去完成同一件事，看看他们的表现，你就可以得到答案了。"他先把小儿子叫来，吩咐道："现在你去调查一艘刚进港口的货船。船上货物数量、价格和品质，你都要详细地记录，并尽快告诉我。"

小儿子听明白了任务以后出去，5分钟过后，他回到总经理办公室中。他通过电话询问了经理想要了解的数据，很快完成了任务。

总经理又把二儿子叫来，并吩咐他完成同一件事情。二儿子是一小时以后回来的，他亲自去了港口，将船上的货物数量、品质等做了一份比较详细的报告。

总经理最后吩咐大儿子去完成这件事。大儿子说这件事可能要花点时间，然后就出去了。3个小时以后，大儿子终于回到了企业。

大儿子先向经理汇报了他想要了解的基本情况，然后又补充说了他已将船上最有价值的货物详细记录了下来，为了方便总经理和货主订立契约，他已经邀请货主明天上午10点到企业来一趟。返回企业的路上，他又到其他两家毛皮商那里询问了其货物品质和价格，并请可以做成买卖的企业负责人明天上午11点到企业面谈。

总经理微笑着听取大儿子的汇报。这位父亲看了自己的三个儿子的不同表现，无话可说。

千万不要消极地等待上司的指令。自动自发地去寻找该做的事情！倾听、学习、提出合理化建议、主动采取行动。不用上司不断地提醒或不断地要求，自动自发地把事情完成。在体会你身边人的需要上领先他人一步，判定上司、周围的同事以及你的顾客的需求，主动予以协助，自然会得到他们的认可。

在能力不相上下的时候，人们比较的就是工作态度，良好的工作态度能使你从竞争中脱颖而出。你的领导、委托人和顾客会关注你、信赖你，从而给你提供更多的机会。那些不是领导交代的工作当然会占用你一部分时间。然而同时又会为你赢得良好的声誉，并在无形之中增强你的能力。

因此，我们不应该仅仅抱有“我必须为领导做什么”的想法，而且应该多想想“不用领导交代，我还能做些什么”。一般人认为，尽职尽责地完成分配的任务就大功告成了。但这还远远不够，要想取得成功，必须完成得更多更好。成功者除了做好本职工作以外，还需要做一些不同寻常的事情来培养自己的能力。

4

工作不需要眼高手低，而是脚踏实地

有远大抱负的人不可忽略眼前的工作。

有一位名牌大学的高才生，他成绩优秀，毕业后到一家大型企业去应聘。这家企业的人事部对他的资料和面试表现十分满意，于是立刻打电话叫财务经理对他进行面试，他在财务经理面前的表现也恰到好处，于是，很快被正式录用了，在财务部上班。

由于部门里只有他一个名牌大学生，所以同事们对他很尊敬。这本来是件好事，他却因此逐渐产生骄傲情绪，任何时候都是一副“我很能干、没有问题”的趾高气扬的样子。开始时财务经理好心地提醒过他，他却总是一笑而过，当成耳旁风。

不久，财务经理交给他一项任务，让他凭证录入原材料明细账。这看起来是件极为简单的工作，不过就是将数字转抄一下而已。1000 多张凭证他用了不到两天时间就抄完了。为此，他还觉得有些不满，认为是自己大材小用了，对此颇有微词。但是，到第 6 天开始核对总账时，他竟惊奇地发现自己对不上账。反复核查，就是找不出毛病在哪里。这时候，他不是细致地检查自己的工作，而是开始怀疑总账有误。他找到财务经理，强调他自己没有错，应该是总账错了。财务经理要他再仔细检查一遍自己的账目，但却被他拒绝了。

后来，财务经理亲自来复核。结果不到10分钟就查出了一个错误：他在一个数字前面多加了个“2”，这样一来，前后相差近10倍！他羞愧难当，但是财务经理没有给他机会，而是征求人事部同意，将他辞退了。尽管他苦苦地哀求，但仍然没有得到原谅。临行时，财务经理对他语重心长地说了一番话：

“小伙子，你很聪明，但不能聪明得过了头。你很傲气，这可以理解。但工作需要的不是傲气，而是脚踏实地。别小看一个数字的错误，企业可能就因为这一个小小的错误遭受巨大的损失，这个责任由谁来负？我的年龄足可以做你的父亲，本来我可以原谅你，但是我想如果不让你遭受一点挫折的话，你就很难吸取教训。希望你能牢牢记住这件事，从此不要盲目地说‘没有问题’，凡事多想想自己有什么做得不好或不够！”

因为一个小小的数字错误，就将一份好好的工作丢失了。这不能不说是眼高手低带来的苦果。

工作中的每一件事都不是小事，做不好，都会酿成大错。而现实是，很多年轻人不这样想，只想着做大事，不能兢兢业业地完成企业交给的工作。结果，不但没能成就自己，反而蹉跎了时间，让自己在事业上所获甚少。

请注意，企业不需要眼高手低的人，需要的是踏踏实实的员工。

5

变“要我做”为“我要做”

只有主动才能卓越，才能不可替代。

优秀的员工是永远不把“要我做”当作工作的前提，而是中意于“我要做”的那类人，并乐意为其效劳，优秀员工主动争先变“要我做”为“我要做”。无论面对的工作多么索然寡味、烦琐冗赘，“我要做”的主动精神都会创造出非凡的业绩。

有一个严厉的主人要到外国去，临行前他将仆人们叫到面前，给了他们每人一笔银子，一个给了五千塔拉（古犹太银币单位），一个给了两千塔拉，一个给了一千塔拉，随后主人便出国去了。

那个领五千塔拉的仆人，把这笔钱拿去做买卖，另外赚了五千塔拉；那个领两千塔拉的也照样赚了两千塔拉。但那个领了一千塔拉的仆人却在地上挖了个洞，把钱藏了起来。

后来，主人回来了，那个领五千塔拉的仆人带着赚来的五千塔拉说：“主人，您交给我五千塔拉，您看，我又赚了五千塔拉。”主人很高兴，让他一同坐下享乐。

那个拿两千塔拉的仆人也同样献上赚来的钱，获得了主人的赞许。

最后那个仆人上前说：“主人啊，我知道您是很严厉的人，我就害怕把钱弄丢，于是把您交给我的一千塔拉埋藏起来，请看，您原来的银子还在这里，分毫不少。”

主人道：“你这又笨又懒的仆人，既然知道我是严厉的人，至少应当把我的银币放到银行里，等到我回来时，可以连本带利收回来，怎可将银币埋藏起来？”

主人大怒之余，吩咐左右夺过他手中的一千塔拉，交给那个有一万塔拉的仆人，同时道：“凡有的，还要加给他，叫他有余；没有的，连他所有的也要夺过来。”

优秀员工就是那“有余”的人。因为他们比碌碌无为者拥有“有余”的智慧、能力和机遇。更为重要的他们之所以拥有这种“有余”，是因为他们能在没有得到命令的情况下，主动把五千塔拉变成一万塔拉，积极履行职责，从而逐渐拉开了与平庸者的距离。

所谓积极履行职责，就是在了解主要职责的情况下，将领导尚未交代的细节出色完成，并主动承担起力所能及的其他事务，这也是优秀员工之所以优秀，之所以绩效高的最根本原因。

比尔在一家商店上班时，一直自我感觉良好。因为他总能保质保量做完店长交代的任务。一天，店长让比尔把顾客的购物款记录下来，比尔快速完成，然后便与别的同事闲聊。这时店长走了过来，什么也没说，开始整理那批已经订出的货物，又把柜台和购物车清理干净。

这件事深深震动了比尔，他忽然发现自己一直以来是多么的愚不可及。这一观念的改变，使比尔更加努力地工作，他学到了更多的东西，工作能力突飞猛进，最终成了企业的副总。

要想成为一名优秀的员工，需要积极主动履行自己的职责，并把这种品质逐渐培养成自己的思维方式和行为习惯，时时处处表现出自己的主动性，使自己变得卓越，在工作中变得不可替代。

“积极主动”要落实到行动上，主要体现在以下几个方面：

（1）主动熟悉企业的一切。熟悉企业的一切是做好工作的基本前提，它包括企业文化、组织结构、运作模式、经营方针、工作作风……主动使自己了解所在的企业，以使自己在今后的工作过程中得心应手，如虎添翼。

（2）不等待命令。优秀员工最为明显的特点就是积极主动履行自己的职责，这也是他们与平庸员工的本质区别。

（3）工作时要主动找事做。工作中别让自己闲下来，主动找点事做，你就能更加完善自己，在工作中提高自己的工作能力。在任何闲暇的时候积极主动承担责任，你就能争取到更多的机会，不断提高自己、完善自己。

（4）主动做分外的事。许多著名的企业一致认为，一个优秀的员工所表现出来的主动性，不仅仅是能坚持自己的想法或观念，并主动完成它，还突出表现为主动承担自己工作以外的责任。

6

多一分担当，就多一分信任

信任是一种托付，
责任是一种担当。

责任心和使命感是最基本的工作态度。如果一个员工总是在试图逃避责任，或者在出了问题以后将自己的责任推卸得一干二净，那么无论如何也得不到领导和其他员工的认可，也不可能有什么杰出的成就。只有那些敢于承担责任的人，才能给人以踏实、稳健的感觉，才值得人们信赖。

某企业要招聘一名总裁助理，经过层层筛选后，竞争者最后剩下三个人。

有一天下午，这家企业的人力资源总监通知这三个人到他办公室做最后的面谈。

三个人到了办公室以后，企业的人力资源总监却闭口不谈招聘的事情，而是带领他们参观他的办公室。当他们走到一个花架前时，他指着花架上的一盆兰花对三个应聘者说：“这盆花价值 20 万元，是我们领导从香港买回来的。”

20万元！三个人不约而同地对这盆兰花赞不绝口。

就在这时，人力资源总监的秘书走了进来，说有急事。他对三个人说：“我出去一下，麻烦你们帮我把这花连同花架搬到窗户边去。”说完就急匆匆地走出了办公室。

人力资源总监叫做的事，务必要认真完成，好好表现一下，也许对应聘有帮助呢。三位应聘者想。那花架看起来十分沉重，三个人决定合力去搬。意外的是，三个人刚一碰到花架，花架的一条腿就掉了，花盆也随之落地。随着一声脆响，花盆被摔成碎片，兰花也摔得面目全非。

人力资源总监听到响声，大步走了进来，当看清是怎么回事时，他大为恼火，非常生气地冲这三个年轻人吼道：“你们是怎么搞的？20万元哪，你们得给我赔！非赔不可！”

人力资源总监怒不可遏，三个人也显得手足无措。其中个子较高的一位首先声明自己没有责任：“这不关我的事，再说我还不是你的员工，你没有资格叫我搬花盆，也没有资格叫我赔！”

听他这么说，这位人力资源总监似乎更加生气了。

“我同意他的意见，”第二个人随声附和说，“你不能叫我们赔。你应该去找生产花架的人，是他们把花架做得那么差，或者找你们企业行政部的人，他们平时就该知道这花架有问题。”

人力资源总监没有理会他，转而问第三个人：“你认为呢？”

“我觉得这是我们的责任，你叫我们搬花，我们就有义务保证做好。怎么承担责任，您做决定。”第三个人不亢不卑地说，“虽然我现在没有能力赔偿，但能不能赔偿和责任认定是没有关系的。”

听他这样说，这位人力资源总监的脸上露出了笑容，他走过去，笑着拍了拍对方的肩膀：“你被录用了！那盆花根本不值钱。”

这竟然是企业对他们三个人的测试，前面两个人方才恍然大悟。

“不公平！”前两个人异口同声地说。他们认为这不算能力考察。

“告诉你们吧，你们三个人的能力不相伯仲，但是，我们要的是总经理助理，不仅能力要强，更要敢于承担，可是你们两个呢？出了问题，没有分析问题出在哪里，如何避免问题再次发生，而是急着证明自己没有责任。”听了这句话，两个人顿时变得哑口无言。

在职场上，多一份责任心，就多一份担当力，多一份担当力，就多一份竞争力，上面的事例充分说明了这一点。越能担当，就越能赢得企业、领导和工作伙伴的信赖。

7

为领导分忧，胜过为领导分劳

每个人的职业发展的过程就是一个从新到老、
从平凡到卓越的过程。

日常工作中，常常有这样两种人：一种是碰见困难避而远之的人；另一种则是迎难而上的人，他们主动寻求解决方法，为上司分忧。可以说，主动寻找方法解决问题的人，是职场中的稀有资源，更是经济社会的珍宝。

福特汽车企业是美国创立最早、最大的汽车企业之一。1956 年，该企业推出了一款新车。尽管这款汽车式样、功能都很好，价格也不高，但奇怪的是，竟然销路平平，和企业预期的情况完全相反。

企业高层急得像热锅上的蚂蚁，但绞尽脑汁也找不到让产品畅销的方法。这时，在福特企业里，有一位刚刚毕业的大学生对这个问题产生了浓厚的兴趣，他叫艾柯卡。

艾柯卡是福特汽车企业的一位见习工程师，本来与汽车的销售工作并没有直接关系。但是，领导因为这款汽车滞销而着急的神情，却深深地印在他的脑海里。

他开始不停地琢磨：我能不能想办法让这款汽车畅销起来呢？终于有一天，他灵光一闪，于是径直来到总经理办公室，向总经理提出了一个方案："我们应该在报纸上登广告，内容为花 56 美元买一辆 56 型福特。"

这个创意的具体做法是：谁想买一辆 1956 年生产的福特汽车，只需先付 20%的货款，余下部分可按每月付 56 美元的办法支付，直到全部付清。

他的建议最终被采纳，"花 56 美元买一辆 56 型福特"的广告引起了人们极大的兴趣。

"花 56 美元买一辆 56 型福特"，不但打消了很多人对车价的顾虑，还给人留下了"每个月才花 56 美元就可以买辆车，实在是太划算了"的印象。

奇迹就因为这样一句简单的广告而产生了：短短 3 个月的时间，该款汽车在费城地区的销售量从原来的末位一跃成为冠军。而这位年轻的工程师也很快受到了企业赏识，总部将他调到华盛顿，并委任他为地区经理。

后来，艾柯卡不断地根据企业的发展趋势，推出了一系列富有创意的方法，最终脱颖而出，成为福特公司的总裁。

从艾柯卡身上我们能够看出：在工作中主动想办法为企业分忧解难的人最容易脱颖而出，也最容易得到管理者的认可！

职场中的两种角色，领导者负责带领员工实现绩效，员工协助领导者实现绩效。虽然员工都在努力地工作，但是受到领导的重视却不相同。有的员工不禁会问："我们都完成了领导所规定的工作，我们的工作量都差不多，为什么我们受到的重视却不一样啊？"

其实原因很简单，那就是虽然都是在工作而且都是在围绕协助领导工作，但是你可曾想过你是为领导分忧的人，还是帮助领导分劳的人呢？或者其他……

在管理者眼里无非只有三种角色。

分劳的人：此种人兢兢业业、任劳任怨地做好领导布置的工作，这些工作大多数是常规的例行的技术含量并不是很高的工作，做好这些工作并不难。

分忧的人：此种人不光会做好领导布置的工作，而且可以帮助领导分担忧虑，这些忧虑往往是自己的部门上司不愿提起的。分忧的人会急上级之所急，想上级之所想，把领导忧虑的事情当作自己分内之事来做。

既不分忧也不分劳的人：这种人既不能做好常规例行的工作，也不能帮助上级解决隐忧，却占用部门资源且有时常添乱，那这种人就是给部门添乱找麻烦的人，迟早会被淘汰。

一个高绩效的团队中，分劳的人常常是新来的员工，这种员工需要培养，应给予充分的成长时间和环境！

分忧的人往往是思维敏捷对未来有很好规划并且动力十足的人，这种人应给予良好的发展空间给他搭建平台创造机会使其去展现无尽才华。其实每个人的职业发展的过程就是一个从新到老、从普通到卓越的过程，为领导分忧是我们追求的目标，也是实现价值最大化的体现。

既不分忧也不分劳的人往往是那种对未来没有过多希望，只希望安稳度日的人，这种人应给予良好的引导激发其工作的无穷动力！

8

让领导感谢你，不如让领导需要你

真正的聪明人宁愿人们需要他，
而不是让别人感谢他。

身为管理者的人都知道一个有价值的助手对于自己的意义。他不仅增加了金钱方面的优势，更重要的是可以为管理者分担很多精神上的压力，能够让管理者真正地放手做自己的事情。所以，很多管理者都在寻找有价值的助手。

著名商业大师巴纳姆认为："如果你得到一个好帮手，最好能一直把他留在身边，而不要换来换去。他每天都能够有新的收获，你可以因为他经验的积累而受益匪浅。他对你的价值今年比去年大，无论如何你都不应该让他离开，如果他没有不良习惯并且一直对你忠心耿耿。"

然而，成为出色的助手并不是简单的事，身为助手，也并不仅仅是听从指令、完成指令如此简单。它需要你有良好的沟通协调能力、执行力，甚至是独当一面的能力。除此之外，负责也是你成为一个优秀助手的必要条件。不要轻视负责。没有负责，一个人真的寸步难行，因为负责本身就是一个人的立命根本。

以下是成为管理者好助手的途径。

第一，主动报告工作进度。

领导非常希望从助手那里得知更多的情况。虽然领导知道下属都很忙，但他们想知道他的下属整天在忙些什么。所以身为助手，一定要不时地向领导报告工作的进度，使得领导随时了解项目进度和情况，不能等到工作做完了再报告。

第二，你必须了解领导的工作习惯。

例如，在接受下属意见时，有人喜欢白纸黑字的书面报告，有人则喜欢简短的口头报告。有些领导要求下属自动自觉，自己做出决定来完成任务；但有些却要求下属定时向他报告，凡事皆以他的意见为准。良好的配合需要彼此的协调，知晓领导的工作习惯，才能更好地彼此沟通。

第三，完成细节琐事，协助领导发挥其专业水准。

例如，上司若经常找不到需要的文件，你可以替他将所有档案有系统地整理；要是他对某客户处理不当，你可以得体地代他缓和关系。如果他最讨厌作每月一次的市场报告，你不妨在提前获得允许的情况下，代为报告。

第四，对问话要作清晰回答。

做领导的经常会对下属回答问题的消极态度不满：

“小李，昨天下午说过的那个报表，还记得吗？今天一定要交给我啊！”

“知——道了，老——总，你没看到我在写吗？”

换位思考，如果你的下属这样回答，你会喜欢吗？不会，甚至可能感到厌烦。如果领导问你话，一定要有问必答，而且是清晰作答，态度平和良好，说得多不如说得准确，把话说到点子上很重要。

除此之外，你在工作中还要有意识地培养独立工作的能力，工作上的事不要依赖他人。即便身为助手，也要有独当一面的能力，让自己成为不可替代的人。这样，你的职业定位才身负价值。为此，我们可以从以下几个方面提升自己：

（1）敬业：认真地对待每份工作。珍惜你的生存权。一个人的工作是他生存的基本权利，有没有权利在这个世界上生存，就看他能不能认真地对待工作。能力不是主要的。能力差一点，只要有敬业精神，能力会提高的。

（2）学习：学习也是工作能力。文凭只代表你过去的文化程度，它的价值只会体现在你的底薪上，它的有效期只有 3 个月。要想在这儿继续干下去，那就必须从小学生做起，积极主动地寻求新的知识。

（3）专业：人才的价值是专业。你要让领导真正地感悟到你是人才，还应在你的专业技能上下功夫。切记，你的智慧，体现在专业技术的水准高低上。

（4）创意：创意比知识更重要。信息时代是物质性极弱的时代，非物质需求成为人类的重要需求，信息网络的全球架构使人类生活的秩序和结构发生根本变化。人才，尤其是信息时代所需的人才，重要的是智慧，不是知识。

（5）个性：不循规蹈矩地做事情。人才更多的是指一种心态，是指与传统思维完全不一样的那种人。真正的人才不是看他学了多少知识，而是看他能不能承担风险，不循规蹈矩地做事情。

（6）协作：聪明人的交叉激励。一种协作的文化，在信息流的增强之下，就会使企业的聪明人彼此发生可能的联系。当企业拥有一定数量的高智商人才并能良好协作时，交叉的激励将会产生新的思想——那些不太有经验的雇员也会因此被带动到一个更高的水平上。

9

推诿扯皮，永远挑不起大梁

要使一个人显示他的本质，
叫他承担责任是最有效的办法。

美国总统杜鲁门上任后，在自己的办公桌上方挂了一条醒目的条幅，上面写着“BOOK OF STOP HERE”，翻译成中文是“扯皮到此为止”，意思是每个人都应该负起自己的责任，做问题的终结者，而不是老想着把问题推给别人，把时间浪费在无谓的争论和争吵上。

实际上，每个企业都会被同样的问题所困扰，总是有些员工在执行任务的时候，一碰到难题，或者出现问题，就开始扯皮，老想着把责任推给别人。结果是不但自己没有完成任务，还大大降低了组织的执行力，影响到整个计划的实现。

遇事推诿扯皮，这是典型的不负责任的表现。

一个人在接受任务后，就必须对任务负责，不遗余力地去完成。在执行的过程中，不论遇到多么大的困难，都应该千方百计地去解决。也许你能力不够，也许你经验欠缺，但你不要放弃，要抓紧时间有针对性地学习，比如，查阅大量的资料，大补专业知识，在短时间内提升工作能力，也可以虚心向他人学习，取长补短。如果出现失误，要诚恳地承认错误，认真思考怎样去弥补过失，而不是图谋怎样推卸责任。总之，一旦接受了任务，就是你自己的事，你要做的就是努力去执行，努力去完成。

还有人之所以推诿扯皮，是以为不但能推卸掉责任，还能显示自己是所谓的“聪明人”。其实，即使你在争论上占了上风，即使你抓住了对方的把柄，一时把问题推了出去，你都无法推卸掉责任。因为一个人参与了执行，就应该承担一份责任，而且责任也不是一个人想推掉就推掉的。

一个人越在争论时显示出一副强者的姿态，其实越显示了他内心的胆怯。勇敢的人从来不企图把问题推给别人而逃避责任，他会正视问题，勇于承认错误，想方设法完成任务。他永远首先考虑的是企业的利益，怎样利用有限的时间完成更多的工作，怎样保障运营流程的畅通，因为他明白，把问题推给别人，并不是好的解决方法，甚至会因为互相扯皮而使工作陷入悬而未决的状态，这会给企业和自己造成很大的损失。如果借助团队的帮助，再加上自身努力就能够解决问题，就不要轻易放弃。

试想，一个人总想着把问题推给别人，他自己的工作能力怎会得到提升呢？一个人能力的提升，主要是在工作实践中获得的，也就是靠不断解决问题而积累起丰富的经验。而一个不敢承担责任的人，又怎能承担起重任呢？一个总想着靠扯皮来保护自己的人，是永远挑不起大梁的，自然也就永远不会获得重用的机会。

10

管理者不能容忍任何形式的懒惰

懒惰、好逸恶劳让领导者无法接受。

有一位游客看见一个渔夫在海边躺着晒太阳，便问他为什么不出海捕鱼。渔夫反问为什么要出海捕鱼，游客说可以卖鱼赚钱。渔夫追问赚钱来干什么，游客说可以买更大的渔网和更好的渔船。渔夫问要更多的钱干什么，游客说那样就可以不干活了。渔夫问不干活了干什么，游客说就可以永远在海边晒太阳了。

说到这里，渔夫最经典的一句话出来了——你看，我现在不是在晒太阳吗？

这个故事里游客的态度代表了工作狂的价值观，渔夫则是懒散一族的代言人。

在今天这个不少人追求轻松生活、崇尚悠闲的时代里，或许称赞别人"你很懂得享受"比说"你工作很拼命"更能让对方听了心花怒放。时尚类报纸杂志纷纷开辟专栏，关切地提醒人们"你太累了，该歇歇了"，把人们的注意力引向安逸、享受的主题。初衷是好的，但很多人却对此偏执理解，将轻松生活曲解为不负责任的享乐倾向，塑造出了一批批懒散、叛逆、缺乏敬业精神的"懒散一族"。

然而，我们的工作负荷是否真的到了急需减压的时候？对于大多数普通人来说，我们是否真正拥有不经努力就可轻松获得成功的天赋？如果不是，我们怎能不勤奋工作？

李嘉诚曾对媒体说过：在 20 岁前，事业上的成功百分之百是靠双手辛勤劳动换来的；20 岁至 30 岁之间，事业已小有基础，那十年的成功，百分之十靠运气好，百分之九十仍是由勤奋得来；之后，机会的比例也渐渐提高；到现在，运气已差不多要占三四成了。几年后，他继续阐述他的观点：对成功的看法，一般中国人会自谦那是运气，很少有人会说那是辛勤劳动以及有计划的工作换来的。我觉得成功需要三个阶段。第一个阶段完全需要勤奋工作，不断奋斗而取得成果；第二个阶段，虽然有少许运气，但也不会有很多；现在呢？当然也要靠运气，但如果没个人条件，运气来了也会跑掉的。

在任何领域，想要有所成就，勤劳都是必要条件。有些人将勤奋工作看成是一种不健康的生活方式，其实不健康的是扰乱正常生活秩序的过度劳累工作，很多时候，我们平常的工作并没有达到过劳的程度。并且，心理学家也提出了不同的见解："对工作不满的情绪甚至比没有规律的起居作息更有损健康，而对工作的满足感，则对健康有利。"

有一位医生在当了 10 年的执业医师之后，赚了一笔钱，于 45 岁宣布退休，全家移民美国，每天从事他最喜欢的两样休闲生活：钓鱼、打高尔夫球。

出人意料的是，这位医生一年后又回到了原来的地方继续做执业医师，朋友们都很奇怪，问他为什么这么做？他实言相告："连续一个月钓鱼和打高尔夫球把人都烦透了。没有工作形同坐牢，后来，我在美国跟许多移民一样，成了'三等人'。"

朋友们好奇地问："什么叫'三等人'？"

医生苦笑道："首先是等吃饭，吃完饭之后是等打高尔夫球，打完高尔夫球之后就是等死了。这样等了一年实在让人受不了，只好回来再上班了。"

"闲"所带给我们的痛苦，和"忙"所带给我们的劳累相比较，我们仍会发现，“忙”中却有乐趣，而“闲”里只有愁苦。因为工作不仅是一个人获得生活费用的途径，更是一个人实现自我价值，满足精神寄托的事物。

我们可以想象，一个过惯了上班生活的人，一旦让他赋闲在家，让他不再早晨六点起床，七点吃早饭，只为赶上七点半的公交车去上班；让他不再把领带打好，擦亮皮鞋，把胡子刮干净，只为在主管、同事或下属面前有个整洁的仪表，他一定会整天闷闷不乐。为什么？因为他的生活失去了重心。在最新一份调查中，有近35%的美国人愿意出来工作，因为工作意味着经济繁荣和更高品质的生活。

别将懒惰视为追求身心自由，勤奋自律才是每个人成长的必要条件，才能让你拥有最大程度的自由。

第七章

全力以赴，不遗余力

全力以赴意味着员工必须具备永不放弃、坚持到底的韧性，以坚定不移的刚强意志，勇往直前；全力以赴意味着员工必须想尽一切办法，穷尽各种可能性，无论困难有多大，都不足以使自己灰心；全力以赴意味着员工要将责任深植于内心，让敢于负责任成为一种自觉的意识。

1

培养工作的乐趣和激情

如果工作是一种乐趣，
人生就是天堂！

能否竭尽全力地去工作，这是决定一个人能否落实责任及事业成败的关键。只要你能够领悟到通过全力工作免除工作辛劳的秘诀，那么你就掌握了成功的原理。

评价一个人责任落实的效果，只要看他工作时的精神和态度即可。如果一个人工作起来充满热情，他就能够做到精益求精和完美；如果一个人做起事来总是感到受了束缚，感到工作劳碌辛苦，没有任何趣味可言，那他也绝不会把自己的责任落实到位。

要培养自己的工作乐趣和激情，有效落实责任，“零一二三四五”自我修炼法就很值得我们学习和掌握。

“零”即每天早上将思想清零，甩掉包袱，从头再来，锲而不舍。

“一”即学会在实践中抓“一”，因为“一”代表了这个事物的本质，它决定了事物的性质，抓“一”也就是抓事物的主要矛盾。

“二”即二维，也就是与人交往时采取的两种不同的沟通方式。

“三”即三维，一个人在一生中所拥有的资源财富是其胸怀的宽度、思维的高度、眼界的长度三者相乘的结果，即一个人一生所拥有的资源财富。所以，人应当在工作、学习中开阔眼界、提高认识、放大胸怀。

“四”即成功交往的四个要素：明主、贤妻、良师、益友，尤其交友应多交“益友”，避开“损友”。世间万事万物虽不可绝对一概而论，但也确有一定道理，这里的穷与富不应只是以物质财富作为标准，更重要的是精神财富上的交流。

“五”即五行，作为一种人生境界，应努力去做一个高尚的人、有道德的人、纯粹的人、脱离了低级趣味的人、有益于他人的人。

全面理解和掌握这五点，你会找到人一生中不可缺少的四感，即安全感、使命感、成功感、归属感。

能否竭尽全力去工作，这是决定一个人能否落实责任及事业成败的关键。只要你能够领悟到通过全力工作免除工作辛劳的秘诀，那么你就掌握了成功的原理。把工作生活化，把生活艺术化，始终保持对工作的兴趣和生活的乐趣，这样你就能够永远拥有健康快乐的心态，你展现给世人的就会是一个完美的自己。

2

勇于担责，不找借口

不要逃避，不要轻易放弃。

我们每个人生活在社会中，都必须承担一定的责任。只有勇于担当起自己责任的人，才会是一个成功的人、一个幸福的人。

担当责任，是不需要理由的，更不要借口。如果，一个员工整天不在想如何干好工作，而是总琢磨“我为什么要每天这样辛苦？我一年才拿多少钱？干吗要我这么认真？”那么，我们必将陷入苦恼之中，工作也必将一塌糊涂。既然选择了这份职业，既然还在做着这份职业，我们就必须有这份担当，无论外部环境会发生什么变化。

有一则故事，说一位留学生去应聘迪尼斯乐园里面的临时清洁工，结果管理员答应了他的请求。但他被要求接受一个星期的培训。他很诧异，心想一个清洁工还需要培训什么？管理员告诉他："作为迪尼斯乐园的一名员工，你必须了解迪尼斯乐园的基本情况，客人问路时，你应该能马上回答得出来；你必须学会拍照，当客人有需要帮忙时，你可以帮他们拍照；你必须学会照看小孩，当小孩迷路时，你能照看好他；你必须学会急救知识与能力，如果发生意外时，你能够……"很多时候，我们不仅代表着自己，还代表整个团队的形象。只有看重自己的团队，看重自己的职业，别人才会看重我们。

担当责任，就要去解决问题。换句话说，工作就是解决问题。不要逃避问题，很多时候，我们一心要逃避问题，结果又陷入了另一类问题。问题是不可避免的，人人都有问题，没有问题的生活只是海市蜃楼，只会令我们迷失方向。我们的责任，就是去驾驭问题，去解决一个又一个的问题。很多人之所以失败，并不是因为他们缺少智慧、能力或机会，而是因为他们不肯对问题全力以赴。人若肯对问题全心投入，那么他必定会获得某一领域的成功。

担当责任，就要远离借口。借口总是听起来很合理，但借口终究会让自己损失惨重。

老总让小张去拿本《新华字典》来。小张马上会问："新华字典在哪儿？什么样的新华字典？"老总告诉了他。小张一会就回来了，答复："没有看见那本新华字典。"老总说："你去问问小李字典放哪儿了。"小张一会又回来了："小李不在。怎么办？""那你打他电话吧。""那他电话号码是多少？""你去查个电话号码簿啊。""哪里有电话号码簿？"……我们反思一下，面对一项工作任务时，我们是否也有像小张这样的总"带着问题复命"呢？

担当责任，就要不轻易放弃。很多在平常人看来是不可能完成的事情，如果成为了事实，那么就会有人说，这件事是早就该完成的，是能够完成的。但是，关键是在这个过程中，我们不能被困难所吓倒，要勇往直前。很多时候，我们可以休息，但不要放弃。

3

态度比能力更重要

不管一个人的能力如何，都要做到全心全意，全力以赴，
否则，天才也没有用武之地。

曾有记者采访皇明太阳能集团有限企业董事长黄鸣，问他心目中最优秀、最顶尖的人才应该具备什么样的素质。

出人意料，黄鸣的标准只有一条——“思想简单，心里不长草，唯有目标和效果”。

黄鸣说：现在我们欠缺的就是这种思想简单的人，欠缺这种心同赤子，敢管敢干，唯企业大局和目标是从，一马当先浑身是胆的人才。最优秀的人才，对社会对企业最有价值的人才，最根本的品质就是简单。

工作中不乏能力出众的人，但其中也会有人抱有这样的态度：企业的事情应该领导去操心，一个小小的员工管那么多干吗，纯粹是没事找事，而且，你用了心、费了力，领导也不一定知道。这是一种缺乏责任的表现，一个没有高度责任心的人是不会全力以赴工作的，这样的人即便能力再强，却也收效不佳。天天把能力挂在嘴上，却不能实际去做事的员工是不会有任何成就的。

全力以赴的员工是每个管理者都梦寐以求的，这样的员工能够积极主动地工作，无论领导是否在场。他们会默默接受领导交给的任务，不会问任何其他多余的问题，也不会千方百计把它推给同事，而是全力以赴地完成。

全心全意地将自己的智慧和精力贯注于工作中去，让每一件事情都做得尽善尽美，从而在自己的普通岗位上发挥出最大能量并为企业获取利润

最大化，这也是自身得到提升的最快捷的渠道。

摒弃懒散、漠不关心、马虎的做事态度。工作只有做到全力以赴，才能脱颖而出，才能拥有一片属于自己的天空。

工作是生命中的重要历程。一个人的工作态度折射着人生态度，而人生态度决定一个人一生的成就。从一个人对待工作的态度可以了解一个人对待生命的态度。工作不仅间接或直接地促进了我们整个社会的进步和发展，而且肯定了人生的价值，同时还满足了物质和精神的欲望，实现了人生质的飞跃。

工作一定要竭尽全力，因为它决定一个人日后事业上的成败。一个人一旦领悟了全力以赴地工作能消除工作辛劳这一秘诀，他就掌握了打开成功之门的钥匙了。能处处以主动尽职的态度工作，即使从事最平庸的职业也能增添个人的荣耀。

4

比他人更精通，才不会被淘汰

要获得良好的成绩，就必须保持简单，
把注意力放在你能掌握的事情上。

成功没有秘诀，只有成为行业里最优秀的人才能成功。如果你对自己的工作没有做好充分的准备，又怎能因自己的失败而责怪他人、责怪企业呢？在任何一个职位上获得成功，最需要做到的就是“精通”二字。作为员工，一定要把自己的工作做到最好，做到最专，成为行业里的“专家”。

这不仅是个人对自己的要求，现在的企业也越来越需要这样的人才。所以，无论从事什么职业，你都要下决心做到比别人更精通。

把自己从事的工作做到精通，首先要做的就是对自己所从事的事情由衷地热爱。只有这样，才能最大限度地发挥你的潜能，做到独当一面。作为员工，我们应以极大的热情投入到所从事的事情中去，只有这样才能够达到多数人达不到的高度。

无论做什么工作，都应该精通它。精通某一件事，比对很多事情都懂一点皮毛要强得多。与其他有能力做这件事的人相比，如果你能做得更好，那么，你就永远不会失业。一位成功的经营者也曾经说："如果你能真正地制造好一枚别针，应该比你制造出粗陋的蒸汽机赚到的钱更多。"

成功者和失败者的分水岭在于：成功者无论做什么，都会尽自己所能达到最佳境地，丝毫不会有所懈怠。

每个人的成功都是在坚持不懈的努力中实现的。无论你处在什么地方，即使你的环境困苦，只要你全心投入工作，力争做到比别人更专业、更精通，最后总会获得成功，取得经济上的自由以及人格上的完善。

一份英国报纸曾经刊登了一则招聘教师的广告：工作很轻松，但要全心全意，尽职尽责。这句话很有哲理。再轻松的工作，也需要严谨的工作态度。那些一知半解的工作态度是最要不得的，当然，任何人都不可能一下子做到精通，但是我们却可以在不断提升自己的同时，要求自己向着精通的方向努力。不管在什么情况下，都不要满足于平凡的工作表现，如果抱着"还行"的态度，那么你在工作上很难取得成就。

从现在开始，就开始行动吧，掌握自己职业领域的所有问题，使自己变得比他人更精通。如果你是工作方面的行家里手，精通自己的全部业务，就能赢得良好的声誉，也就拥有了成功的有力武器。

5

主动是最好的导师

面对困难的时候，
可以帮助你的是你自己的主动精神，而不是运气。

什么是主动？主动就是不用别人告诉你，你就能出色地完成工作。作为员工，要想获得最高的成就，就要永远保持主动率先的精神，在工作中投入自己全部的热情和智慧。成功取决于态度，时刻牢记自己肩负的使命，知道自己工作的意义和责任，并永远保持一种自动自发的工作态度。那些获取了成功的人，正是由于他们用行动证明了自己敢于承担责任而让人百倍信赖。

美国战争爆发之时，美国总统需要马上与古巴的起义军将领加西亚取得联络。加西亚在古巴的大山里——没有人知道他的确切位置，可美国总统麦金莱必须要尽快地与他取得联络。

怎样才能找到他呢？有人对总统说："如果有人能够找到加西亚的话，那么这个人一定是罗文。"

于是总统把罗文找来，交给他一封写给加西亚将军的信。至于罗文中尉如何拿了信，用油纸包好、上封，放在胸前藏好；如何坐了 4 天的船到达古巴，再经过 3 个星期徒步穿过这个危机四伏的岛国，终于把那封信送给加西亚——这些细节都不是我们这里要讨论的重点。

需要强调的是，当美国总统麦金莱把信交给罗文让他交给加西亚时，罗文接过信并没有问"他在什么地方""为什么要找他""怎么才能找到他""别人去不行吗"等一系列的问题，而是立即行动起来，自动自发、不屈不挠地完成了“把信送给加西亚”的任务。

由阿尔伯特·哈伯德所写的《致加西亚的信》一书，首次发表于1899年，之所以很快就风靡全球，至今还能畅销不衰，是因为它倡导了一种理念：对上级的命令，自发执行，并以结果为导向，全心全意完成任务。

《致加西亚的信》的作者写道：我钦佩的是那些不论领导是否在办公室都会努力工作的人，这种人永远不会被解雇，也永远不会为了加薪而罢工。如果只有领导在身边时或别人注意时才有好的表现，卖力地工作，这样的员工永远无法达到成功的顶峰。

有些员工，每当领导交代工作任务时，总要问该怎么办。他们总是被动地应付工作，虽然他们遵守纪律，循规蹈矩，做事却缺乏热情、创造性和主动性，只是机械地工作，这种做事方法长此以往就会使他们失去对工作有效执行的态度。

有3个人到一家建筑企业应聘，经过考试，他们从众多的求职者中脱颖而出。人力资源部经理对他们说了一声“恭喜你们”后将他们带到一处工地。那儿有几堆摆放得乱七八糟的砖瓦。

经理告诉他们先每人负责一堆，将那些砖瓦码放整齐，然后在三人疑惑的目光中离开了。甲说：“我们不是被录取了吗？为什么把我们带到这里？”乙对丙说：“经理是不是搞错了，我可不是来干这个的。”丙说：“别说了，既然让我们干，我们就开始干吧。”说完就开始干了起来，甲和乙也只好跟着干。还没完成一半，甲和乙就慢了下来，“经理已经走了，我们还是歇会儿吧。”甲说，乙跟着也停了下来，丙却还在继续干着。

等经理回来的时候，丙还有十几块砖就全码齐了，甲和乙完成的还不到一半。经理说：“下班时间到了，先下班吧，下午接着干。”甲和乙如释重负般扔掉了手里的砖，丙却坚持把最后十几块码齐了。回到企业，经理郑重地对他们说：“这次企业只聘用一人，刚才是最后一场考试，恭喜丙，你被录用了。”

在职场中，接到任务后推三阻四，不能立即执行到位；领导在与不在时表现完全不同，领导在的时候表现出一副忙碌、认真工作的样子，领导不在身边时就偷奸耍滑，糊弄事；或者，严格遵守领导的指令，让干什么就干什么，多一点都不会干。这3种工作态度都属于被动工作。

听命行事固然是员工的神圣职责，但主动进取更被企业所提倡。哪些该做，就应该立刻采取行动，不必等到别人交代。清楚了解企业的发展规划和你的工作职责，就能预知该做些什么，然后——着手去做！

企业的生存发展完全依赖员工的努力程度，一个优秀的、有责任心的员工，会主动去工作，尽最大的努力把工作做好。主动工作的员工具有一流的执行力，他们能够将工作落到实处，甚至更为有效，并能仔细、注重细节去完成某项工作或任务。

主动要求承担更多的责任或自动承担责任是成功者必备的素质。大多数情况下，即使你没有被正式告知要对某事负责，你也应该努力做好它。如果你能表现出胜任某种工作，那么回报就会接踵而至。

在没被人告知却在做着恰当的事情的员工，就是积极主动的员工。每个企业都需要这样的员工。

6

激情是工作的最佳动力

巴甫洛夫说：

当你工作和研究的时候，必须具有强烈的激情。

“激情是瞬间燃起把黑夜照得漫天通红的熊熊烈火！激情是横扫一切驰骋千里的汹涌巨浪！”在诗人的眼里，激情不只是烈火，也是巨浪，在科学家眼中，激情是让他们废寝忘食、夜以继日钻研的狂热冲劲。当激情与坚定的信念融合时，就成为发明与创新的强大动力。

而在工作中，激情也是保持工作状态的最好动力。激情不仅能促使一个人去努力创造事业的辉煌，更能促使人体现和创造最大的人生价值。看看那些成功的人，你会发现他们有一个共同点：激情饱满、斗志昂扬！

有一位企业老总，33岁时就已经掌管了一个年销售额达20亿元的企业。当别人问他成功的秘诀是什么时，他回答说：永葆激情。

从工作的第一天开始，每天早上六点三十分，他都会听着贝多芬的《命运交响曲》起床。在激昂的乐曲声中，他对自己说："新的一天又开始了，你要用全部的激情去迎接和拥抱它！"无论是巅峰还是低谷，这样积极的自我心理暗示，都给了他勇往直前的勇气。遗憾的是，大多数人的工作状态是下面这样的：工作一年，干劲冲天；工作两年，心不在焉；工作三年，混一天是一天。

"工作时间一长，难免会有职业疲劳""面对这么没有价值的工作，傻瓜才会有激情"……这些都成了他们的最好借口。对生命而言，这样又能收获什么呢？只能是平庸的生活与心灵的烦恼罢了！重视生活品质的你有没有想过，工作也需要品质。没有品质的工作，就像没有品质的生活一样，不过是虚度和浪费。而激情，就是提升工作品质最好的途径。

凤凰卫视总裁刘长乐表示凤凰卫视企业文化的要诀之一，就是从领导到员工都永葆激情。

激情为何对工作有这样大的价值？他引出一项人类学调查：一项针对世界500强企业前100名和100名以后的CEO所做的情商调查显示，这些人在智商、知识层次上没什么差别，真正的差别在激情方面。根据分析，饱含激情的自我激励，是情商的第一要素，排前100名的CEO与排100名以后的CEO相比，前者的情商明显高于后者。

刘长乐还讲过这样一段话：小时候我读苏联小说《船长与大尉》，里面有两句话一直记忆犹新：一句是"探求奋斗，不达目的誓不甘休"；另一句是"永远做一个出类拔萃的人"。出类拔萃不见得就是出人头地，但在某种意义上讲，一个有追求的人就是出类拔萃的人。

人类因梦想而伟大，因梦想而实干。动物只为生命所必需的食物所激动，而人，却懂得为遥远的星辰——那毫无功利主义的光线所激动。毛姆说过：假如你非最好的不要，十之八九能如愿以偿。这可能是我们做事的因，也是成事的果。

很多人都会说，谁愿意一上班就无精打采，谁愿意一遇到问题就往后退，我也希望有激情，我也希望创一番辉煌的事业，可问题是，我到哪里去寻找激情？

永远别指望激情主动来找你，激情不来自外在，而来自你自己的心里。还有很多人说：我也知道工作的价值和意义，但我已经这个岁数了，要改变哪那么容易，还是得过且过吧。

只要你愿意改变，什么时候都不晚。哪怕今天是工作的最后一天，也起码还有 8 小时属于你。不要对自己说“年纪大了，干不动了”“让年轻人多干一点”“多少年都是这样，我不想改变了”之类的话，这世界上有 20 岁的“老人”，也有 80 岁的“年轻人”。没有激情的生命，只是一具空壳；激情的观念之下隐含着对发现寻找与创造的永恒性渴望。激情可以把生命注解成一道道美丽的风景，人会随着激情而年轻，向生命索要激情，原本就是我们活着和存在的理由。

7

把挫折当作成长的资本

巴尔扎克说：
挫折和不幸，是天才的晋身之阶，信徒的洗礼之水，
能人的无价之宝，弱者的无底深渊。

挫折既有不可避免的一面，又有正向和负向功能。既可使人走向成熟、取得成就，也可能破坏个人的前途，关键在于你选择如何面对。

适度的挫折具有一定的积极意义，它可以帮助人们驱走惰性，促使人奋进。挫折又是一种挑战和考验。英国哲学家培根说过："超越自然的奇迹多是在对逆境的征服中出现的。"

人的成长过程是适应社会要求的过程，如果适应得好，就觉得宽心和谐；如果不适应，就觉得别扭、失意。而适应就要学会调整自己的动机、追求和行为。一个人出生时，根本不知道什么是对，什么是错，正是通过鼓励、制止、允许、反对、奖励、处罚、引导、劝说，甚至身体上的体罚与限制才学得举止与行为的适应和得当，学会在不同环境、不同时间、不同对象、不同规范条件下调整行为。反之，从小任意妄为的孩子，一旦独立生活就会被淹没在矛盾和挫折之中。

如德国天文学家开普勒，从童年开始便多灾多难，在母腹中只待了 7 个月就早早来到了人间。后来，天花又把他变成了麻子，猩红热又弄坏了他的眼睛。但他凭着顽强、坚毅的品德发愤读书，学习成绩遥遥领先于他的同伴。后来因父亲欠债使他失去了读书的机会，他就边自学边研究天文学。在以后的生活中，他又经历了多病、良师去世、妻子去世等一连串的

打击，但他仍未停下天文学研究，终于在59岁时发现了天体运行的三大定律。他把一切不幸都化作了推动自己前进的动力，以惊人的毅力，摘取了科学的桂冠，成为“天空的立法者”。

很多人在顺境的时候，心中充满了激情，但只要一遇到挫折，就会完全变样。他们通常有两种表现：一是以“我不行”为借口，破罐破摔。不是哪里跌倒从哪里爬起，而是哪里跌倒，就在哪里一蹶不振。二是以“环境不行”为借口，不从自己身上找原因，把责任归结于外部环境，或者说单位不行，或者说上级和同事不行，想赶紧换个地方重新开始。

而现实是没有一个职位是为你量身打造的，世界永远不会以你为中心。做任何工作，都会遇到挫折和问题，如果稍有不顺心就换个地方重新开始，那么就算一天换一个工作，也还是找不到工作的激情。

在高峰和顺境的时候拥有激情并不难，难的是遭遇挫折的时候，还能一如既往地保持不卑不亢的良好心态。成功的人，即使在最差的境遇下，也会永不言败，越挫越勇，永远有向上的斗志。他们总是这样说：开心也是属于你，不开心也是属于你。带着激情去好好工作在于你，带着消极心态去应付工作也在于你。我们怎么能将开心或不开心的根本原因，推到外界呢？我们又怎么能将丧失激情的原因，责怪他人呢？

那么，我们该如何在挫折面前梳理自己的心态呢？

第一，自我激励。激情不是别人给你的，而是发自你内心的，它也是可以一直持续下去的。只要你愿意，只要你下定决心，就可以找出无数种自我激励的方法。自我激励可以说是最合算的东西，它不花一分钱，没有任何成本，但得到的效果却往往惊人！

第二，以心境影响环境，不以环境影响心境。这点与前面一点紧密相关，也是拒绝借口的重要法宝。

“环境不行”，这是很多人为自己找的借口。我们无法掌控环境，但可以掌控自己的心境。往往心境一变，所谓“差”的环境也就显得不那么“差”了，即使真有不如意的地方，通过我们的积极努力，也能让它往好的方面发展。

第三，不忘初衷。相信每个人在踏入职场的第一天，都怀着美好的愿望，都有着做出一番成绩的激情。但为什么慢慢地，我们的激情逐渐消退，甚至进入了“混一天是一天”的恶性循环中？

因为，我们忘记了自己的初衷。你可以好好地回想一下，当自己刚刚开始工作的时候，是不是满怀豪情，希望做一番轰轰烈烈的事业，希望在工作中体现自己的价值？

而现在，经历了这样那样的不如意之后，你是否还保持了最初的想法？

在激情消退的时候，不妨多想想自己当初工作的目的，并以此来激励自己，绝不让借口消磨了斗志。

第四，把挫折当作成长的“资本”。不要老从消极的角度看挫折，它也有积极的作用。一个人遭遇挫折的时候，可以更清醒地认识自己，改正自己的缺点，并提升自己内在的力量。

如果把工作比作一把披荆斩棘的“刀”，那么，挫折就是一块不可缺少的“顽石”。为了使工作这把“刀”更锋利，让我们勇敢地面对挫折的磨砺！

8

能完成百分之百，就不要完成百分之九十九

无论你在什么岗位上，
把工作做到极致，就是成功。

对待自己的工作，千万不要因为 99.9% 的成功而沾沾自喜，只要你还有 0.1% 的错误和不足，你的成功就不是完美的。

如果满意于自己的现有成绩，不思进取，最终会被自己的“优秀”打败、击垮，由盛而衰……抱定“没有最好，只有更好”的进取心，坚持负责到底，永远把自己当新人，才能永远立于不败之地。

千万不要仅仅满足于 99.9% 的成功。

许多企业沾沾自喜于 99.9%，认为质量合格率达到 99.9%，就可以心满意足了；认为服务水平和客户满意度达到 99.9%，就可高枕无忧了；认为计划完成率达到 99.9%，就可万事大吉了……难道 99.9% 就足够好了？殊不知，99.9% 并不意味着无可挑剔。

对企业来说，产品合格率达到 99.9%，失误率仅为 0.1%，看似已经无可挑剔了，但对每个消费者而言，如果遇到 0.1% 的失误却意味着 100% 的不幸！

某电热水器生产厂，声称自己的产品质量合格率为 99.9%，各项指标安全可靠，并有双重漏电保护措施，让消费者放心大胆地使用。一位消费者购买了该厂的电热水器，恰恰不幸摊上了这 0.1% 的失误。

像往日一样，这位消费者未关电源就开始洗澡，意想不到的是，热水器漏电，而漏电保护装置又失效，他正好被电流击倒，一只胳膊当即被打断。按说，带电使用电热水器属于正常操作范围，不应出现这样的事故，

即便发生漏电，漏电保护装置也会立刻断电，以确保使用者的安全，然而，这家企业 99.9% 而非 100% 的合格率，却对那位消费者造成了莫大伤害。

物美价廉，是客户选择产品的第一理由，否则，客户根本不可能对你的产品青睐有加，更不可能让你得以实现自己的利益。对此，海尔企业深有体会，并有许多令人称道的地方。海尔认为，有缺陷的产品，就是废品，不应该生产出来，更不能流通到市场上坑害消费者。

一次，海尔企业副总裁杨绵绵到分厂检查工作，在一台冰箱的抽屉里发现了一根头发丝。她马上召开相关人员会议，有的人不服气地说一根头发丝又不会影响冰箱质量，拿掉就是了，何必小题大做呢？杨绵绵却态度坚决地告诉在场的干部职工："抓质量就是要连一根头发丝也不放过！"

又有一次，一名洗衣机车间的职工在进行"日清"时，发现多了一颗螺丝钉。大家都意识到，这里多出一颗螺丝钉，就意味着哪一台洗衣机少安了一颗，这可是关系到产品质量和企业信誉的大事。为此，车间职工下班后主动留下，复检当天生产的 1000 多台洗衣机，用了两个多小时，终于把问题查了个水落石出——发货时多放了一颗螺丝钉。

只有对质量的追求几近偏执，才可以使产品优质可靠。而企业里所有的人，包括管理者和员工同样对质量一丝不苟，视缺陷为废品的态度，又怎能不使产品尽善尽美，赢得顾客的广泛信任和喜爱呢？

在客户服务中有一个公式：99.9% 的努力＋0.1% 的失误＝0% 的满意度。这个公式说明：你纵然付出了 99.9% 的努力去服务于客户，去赢得客户的满意，但只要有 0.1% 的失误、瑕疵或者失误，就会令客户产生不满，对你的满意度降到最低。

如果这 0.1% 的失误，正是客户极为关注和重视的方面，或给客户带来的损失及伤害巨大，就会使你前功尽弃，导致以往所有的工作全部付之东流，被客户无情地抛弃。

美国海军陆战队的队员深深懂得，在战场上根本不允许有任何失误，即便是 0.1% 的失误，也可能成为敌人反败为胜的机会，还可能是致自己于死地的一个缺口，为了保全自己和其他战友的生命，赢得最终的胜利，每个队员都必须时刻谨记“我绝对不能失败”，高度负责，尽最大可能避免和防范任何错误发生。

市场竞争也是同样的道理，假若你在质量上有 0.1% 的瑕疵，竞争对手就会乘虚而入，推出零缺陷产品，轻而易举地从你身边拉走客户；假若你在服务上有 0.1% 的疏漏，竞争对手就会推出“百分百”优质服务，诱使你的客户回心转意，提升其市场地位。

无论是企业还是个人，如果仅仅满足于 99.9% 的成功和优秀，是骄傲自满、不思进取的表现，只能裹足不前，不可能有什么大的作为和发展，更可怕的是，当竞争局势发生变化时，你很可能第一个遭到市场抛弃，淘汰出局。实际上，做到零缺陷、零失误并非不可能，只要每个员工牢记自己的工作使命，保持高度的责任心和敬业精神，就必定能将工作做到尽善尽美，就能赢得客户的满意和认可，形成企业强大的竞争力。

9

只有关注今天，才能拥有明天

今天的工作决定明天的成就。

只有善于关注今天的人，才能拥有骄傲的明天，任何好高骛远或盲目悲观都是不可取的，脚踏实地才是希望所在。

1871 年的春天，一位正在普通医学院读书的年轻人，面对自己一直不曾优秀的学业，面对现实生活中的繁难，面对不可预料的前途，感到极度地悲观，他担心毕业考试不能通过，担心即使勉强通过了，毕业后又该如何求职，如何创业，如何与人相处，如何少走一些弯路，如何才能少遭遇一些生活的磨难，等等，无尽的忧虑，使他感觉不到生活的美好。

无助的他翻开了一本书。蓦然，书中的一句话像晴空一个霹雳，深深地震撼了他的心灵。从那天起，他完全变成了另外一个人，他把所有烦恼统统甩得远远的，用快乐和充实来安排每一天。后来，他成了他所生活的那一时代最负盛名的医学家，创建了世界著名的约翰·霍普金斯医学院，获得了英帝国学医的人所能得到的最高荣誉——牛津大学医学院指定讲座教授，他还被英国皇室册封为爵士。

他就是威廉·奥斯勒。他在 1871 年春天读到的改变他一生命运的一句话，内容极其简单——“最重要的就是不要去看远方模糊的画，而要做手边清楚的事”。

1917 年，他在耶鲁大学演讲时，许多同学追问他成功的秘诀是什么，他微然一笑说了四个字——活在今天。

威廉·奥斯勒博士说得没错。昨天的一切都已属于过去，都已成为身后的风景，而明天的一切尚未到来，还只是未知数。聪明的人会把昨天和明天的担子甩开，聚精会神地关注今天，把手头的事情全心全意做好。全身心拥抱每一个迎面而来的今天，让充实、快乐的每一个今天，成为应对明天的最好准备。

音乐巨人贝多芬曾说过：我们没有学习到一些有用事物的日子，都白白浪费掉了。没有比光阴更贵重、更有价值的东西了，所以千万不要把今天所做的事拖延到明天去做。抓住了“今天”，才谈得上积极进取，力争向上；抓住了“今天”，才不至于处处被动，以至于在急剧变化的形势下手足无措。

有一些人的时间抓不紧，便埋怨今天天气不好、身体不舒服，或者有几个材料没找到不好动手，待找全了资料一鼓作气完成；或者说现在条件不成熟，急不得，慢慢来；或者说昨天夜里没睡好，头昏昏然；或者总是想看看“左邻右舍”再说吧，等等，用很多理由宽容、原谅自己。这种工作拖拖拉拉、毫无生气本身就是浪费青春，是一种慢性自杀。

在时间面前，弱者是无能的，他只是看着珍贵的时间白白流去；而强者却是时间的主人，充分利用分分秒秒为实现理想而努力工作。不要等待，不要观望，从自己立足的地方，大踏步朝前迈就是了。没有条件，努力去创造条件，没有知识，努力去获得知识，在时间上千万不能等待未来。只有牢牢抓住今天，才能赢得未来。

第八章

巧妙计划，效率至上

把重要的事情放在第一位，先把重要的事情处理完，再去处理其他事情。要学会区分急事和要事，永远把最重要的事情放在第一位，才能让我们朝着自己的工作目标越走越近，工作越干越出色。

1

没有效率就是浪费，向效率要业绩

缺乏效率，

一切辛苦皆是白费，一切付出没有价值。

两个同年龄、同学历的女子同在一家企业工作，小陈青云直上，而小黄总是低小陈一级。小黄很不满意领导不公平的待遇。

终于有一天，小黄到领导那儿发牢骚："领导，你交代我做的事，我都努力去完成。几乎每天我都把做不完的工作带回家去做，即使牺牲睡眠，我也在所不惜。我那么为企业卖力，为什么你总是先升小陈不升我？"

"小黄，恕我直言，"领导开口说话了，"同样是朝九晚五，同样性质的工作，但是小陈能在下班以前就把工作完成。她能做到'今日事，今日毕'，你却只能做到'今日事，今夜毕'。我感激你的苦劳，但我更欣赏她的效率！"

小黄哑口无言。她终于明白自己是输在效率上。

某企业的财务部总监可以说是工作狂，据她在例会上称，曾连续加班三昼夜。大家都在纳闷，如此黑白颠倒，白天上班能有多少效率可言？结果后来事实的发展让人大跌眼镜，在该总监任职不到一年离职时，居然有半年的账未做。

有些人认为，工作时间越长，越能显示自己的勤奋。其实，工作效率和工作业绩是最重要的，整天忙忙碌碌但不出成果，并不是一个有效的工作者。苦劳是不等于功劳的，认真工作不等于业绩，效率才是第一位的。

有一个企业家在致企业全体干部的一篇文章中说：多少干部兢兢业业，任劳任怨，身心疲惫，但部门工作只是流于应付日常事务或以"没有功劳还有苦劳，没有苦劳还有疲劳”自我安慰。但是，场经济只认功劳，不认苦劳和疲劳。没有效率和效益的苦劳和疲劳只是消耗了企业资源，影响了企业发展。

商业时代以效率为先，凭业绩说话。企业中员工不管多么辛苦忙碌，如果缺乏效率，没有业绩，那么一切辛苦皆是白费，一切付出均没有价值。

“拿业绩来说话”不仅是企业对员工的要求，更是市场对企业的要求。市场不关心你是否忙碌。如果员工取得的业绩微乎其微，给企业创造的利润少之又少，或者再不时地给企业造成损失，那么即使整天在企业里忙得团团转，又有何实在意义？

在我们这个时代，多的是“忙人”。他们每天急急忙忙地上班，急急忙忙地说话、急急忙忙地做事，可到月底一盘算，却发现自己并没有做成几件像样的事情。他们往往以一个“忙”字作为自己努力的漂亮外衣，却没有想到，这种忙，只能是“穷忙”“瞎忙”，没有给自己和单位带来效益。

如果你已身心疲惫但是一无所获，那么，你可能不是工作不努力，而是没有掌握提高工作效率的正确方法，在无意中浪费了你的生命。

2

目标要清晰明确，避免盲目行动

打靶，
总该先要知道靶在什么地方。

法国生物学家法布尔研究的是巡游毛虫。这些毛虫在树上排成长长的队伍前进，有一只带头，其余的跟着。法布尔把一组毛虫放在一个大花盆的边上，使它们首尾相接，排成一个圆形。这些毛虫开始蠕动了，像一个长长的游行队伍，没有头，也没有尾。法布尔在毛虫队伍旁边摆了一些食物，但这些毛虫要想吃到食物就要脱离队伍。法布尔预料，毛虫很快会厌倦这种毫无用处的爬行而转向食物。可是毛虫没有这样做，出于纯粹的本能，毛虫沿着花盆边以一定的速度走了7天7夜，直到饿死。

这些毛虫遵守着它们的本能，干活很卖力，但毫无成果。事实上许多不成功的行动就跟这些毛虫差不多，没有一个明确而清晰的目标，只是埋头苦干，却不知道自己的苦干有可能无任何的效果可言。

明确的工作目标有助于我们避免这种情况发生。如果你制定了目标，而且描述得明确清晰，你自然就会把努力的重点从工作本身转移到工作成果，单单用工作来填满每一天的做法会让你再也无法接受了。随着一个又一个目标的实现，你会逐渐明白如何用较少时间来创造较多的价值，你的行动会变得极有效率。

在工作中，有时你不知道自己应该做什么，这个目标对你的工作会有什么样的影响，这个目标对你的意义是什么，当你理清了所有的问题后，才能开始工作。你必须理清的问题包括如下内容：

（1）现在的工作必须做出哪些改变。目标清楚不是要对方向你解释企业的目标或是策略，而是要明白这个目标对你的意义是什么，企业的目标与你个人目标之间的关联是什么。如果领导重新设定企业未来一年的营运策略与目标，你可以问："我的工作目标应该做出哪些调整？是否有必要改变现在的工作方式？"

举例来说，如果企业预计提升10%的营业额，那么营销部门必须知道达成什么样的部门目标或是个别业务员必须达到多少的业绩，才能完成企业整体的目标。

（2）要从哪个地方开始。你要知道的不是工作细节的问题，而是要确定大致的方向与优先级。例如，应该先确认好哪些事项，才能开始进行后续的作业；哪些事情应该排在最后，以避免因其他流程的变动而必须一再重做；各项流程之间应如何协调与整合，等等。

（3）应该注意哪些事情，避免影响目标的达成。可以寻求主管的建议，在过程中有可能犯下哪些错误，应该如何避免；根据过去的经验，曾经发生过哪些意料之外的情形，必须预做准备。这样可以大幅减少不必要的错误尝试，当然更能增加成功的机会。

（4）有哪些可用的工具与资源。你应该先了解企业有哪些既有的资源可以应用，可以寻求哪些支持，这样才能更有效地规划自己的时间以及工作进度。

清晰明确的目标能保证你不会在行动中迷失方向，你会有目的地吸收各种知识，有计划地提高自己的能力，有条理地展开自己的工作。你所有的行动都会围绕着明确的目标，绝不让自己盲目去行动。这样，你的工作效率会得到大大的提高，工作结果一定会达到预期。

3

找准位置，划清责任

一个人只有找到了自己的位置，
他的一生才会有意义。

在生活或工作中，我们有没有关注过自己的位置？有人会问："位置为何物？"位置，简单地说，就是处于某种环境中时，一个人的角色。比如，少年时代，我们与父母在一起，我们的位置就是做一个好儿女；为人妻、为人父，就要做一位好妻子、好父亲；在工作中，我们更要找好位置、扮好角色、负好责任，做一个优秀的领导，模范的员工。找准位置才能够负起责任。一位员工曾经讲过这样的一个小故事。

有一段时间，企业的业绩差，员工们少有笑语。老总体恤下情，组织了一次郊游。有人带了毽子，大家围成一个圈左右横传，没两三下便有人踢偏，所有人一拥而上，结果撞得人仰马翻，毽子却如失羽的鸟，"啪"地掉进草丛。接二连三，屡试屡败。结果谁都不承认是自己的错。让大家挨个踢了一回，人人都能轻轻松松踢几十下，甚至踢上百下的高手也大有人在。有人灵机一动，拖一个人到圆圈中央去，毽子一旦踢偏，让其立即冲上前救援。这一招果然有效，连续踢的最高纪录上升到了几十下。

兴尽，随着夕阳下山来，路上大家却七嘴八舌，若有所得：所有的圆周，都需要圆心，它是一点与另一点的援臂桥，在人所共有的鲁莽、犹豫、偏差间，不单单是衔接，也是随时紧盯，查缺补漏。这个位置，不可或缺。一个同事说："领导是必需的。"另一个同事说："但最重要的并不是他的才华和能力，而是……"经理慢吞吞地接口："他的位置和责任。"众人相视而笑。

这次郊游对员工的震动很大，企业上上下下都明白了一个道理：在工作和生活中，每个人都要找准自己的位置，并承担这个位置的责任。

许多人找不准自己的位置，自然也就不明白自己的责任，就像踢毽子一样，你越努力，结果越糟糕。从那以后，企业进行了一系列调整，人人都确定了自己的位置，个个都明白了自己的责任。企业的效益直线上升。

在我们的周围，有好多人不知道自己的工作该干什么，更不知道责任是什么。他们从来不去考虑对组织的贡献是什么，也不去考虑自己在整个团队工作中应发挥什么作用，责任在哪里。

找准位置，对自己的工作内容、工作范围和工作性质有了相当的了解，自然就会明白自己在整个位置上的责任是什么，同样明白自己逃避责任的后果是什么。

如果在一个团队中，每个人都有自己的位置，承担起自己的那份责任，责任空缺和工作空白区就会减少。犯了错误，是谁的问题，谁该受到处罚，就会很清楚，就不会有扯皮现象的发生。像这样，工作中具体的责任（整个工作责任中对应自己的位置的那部分）已经被划分得很清楚了，我们没有理由做不好。

4

拖延这种恶习会害人走向毁灭

拖延，可以把企业拖垮；
拖延，只能让他人领先。

你是否喜欢凡事拖延，直到上级所交托的工作到了最后期限前，才开始挑灯夜战去完成呢？在工作上你有否遇上一些做事拖延的同事，结果自己尝尽等待的焦急滋味呢？做事拖拉的人对人对己都没有好处。

很多本来可以优秀的员工，却在深受拖延的困扰。这个问题已经在世界上许多大企业里得到了有效的重视，秉持“决不拖延”理念的美国埃克森·美孚石油企业就是其中一例。

埃克森·美孚石油企业跃升为全球利润最高的企业，有着埃克森企业和美孚企业携手的因素，更是因为它拥有一支决不拖延的员工队伍。这家企业的业绩告诉我们，员工克服拖延的毛病，培养一种简便高效的工作风格，可以使企业的绩效迅速提升，使每一位员工的工作乃至生命都更加富有价值。

拖延，不让自己主宰时间，那么，我们的时间就会沦为任何人、任何事都可以随意占用的“公共资源”。拖延的习惯已经给我们造成过足够大的麻烦，用一位成功学家的话来说：你的借口如果能换成美元的话，相信你的财富会超过比尔·盖茨。

拖延的习惯使我们变成懒惰的白日梦者、行动的侏儒。使我们办事拖拖拉拉，当天的事总要留给明天，明日复明日，万事成蹉跎。不仅如此，我们还找出很多原因，比如，场地没有联系好，该找的人没有找到……但如果这样的理由重复了几次后，领导就会认为我们没有工作能力，或者是对工作不够尽心尽力，在为自己的懒惰寻找借口。一旦在别人的心目中形成这样的印象，这可绝对不是一个好兆头。

拖延是最具破坏性、最危险的恶习，它使你丧失了主动的进取心。做事拖延的员工绝不可能成为称职的员工。如果你存心拖延逃避，你就能找出成堆的借口来为自己辩解。把“事情太困难、太昂贵、太花时间”种种借口合理化，要比相信“只要我们够努力、够聪明、衷心期盼，就能完成任何事”容易得多。

职场惰性心理产生的主要原因如下：

（1）得过且过。面对一些费神的工作或者自己不喜欢的任务，就会容易产生拖延的心态，认为事情到了最后总会被解决，于是不到最后一刻绝对提不起精神来处理。

（2）过分自信。有些人有自信在压力下工作，认为自己如同弹簧一样，压得愈紧便会弹得愈高，到了最后关头，效率反而会大大提高。在这个过程中，他们常常能够体会到克服挑战的快感，享受最后关头的效率和刺激，不过对其他同事来说，就会产生工作上许多的不协调和误解。

（3）害怕开始。有些人欠缺自信，常常因为害怕自己会做得不好，结果便迟迟不敢动手，这种逃避的惰性心理，往往令自己更容易产生挫败感，当别人开始催促，又或者受到同事的质疑，就更加不敢开始和继续拖延。不过，这种短暂的逃避令自己的恐惧感在拖延等待中愈积愈多。

（4）追求完美。有些人会尽心尽力做到最好，但仍会拖延至最后一分钟才动手，只因为他们想精益求精，不惜一切代价追求质量上的完美，结果迟迟未行动导致时间大大超过预期。

如果你发现自己经常为了没做某些事而制造借口，或是想出千百个理由来为没能如期实现计划而辩解，那么现在正是该面对现实好好检讨的时候了。

要克服这种惰性心理，首先应学会合理安排任务；其次可以向上级同事做出工作保证，有别人的监督，会令自己产生动力。

你亦可以为自己设定时间表及期限，要求自己提前完成工作，同时不断提醒自己必须严守承诺及纪律，享受提前完成工作的成就感。

最后，学会分析利弊，了解提前完成工作有什么好处，拖延又有什么坏处，对比之下，自然有明确的选择。

5

没有结果的事情便没有意义

做事既要对工作过程负责，
也要对工作结果负责。

如果我们要一个满意的工作结果，那么我们首先要树立一种能够激发行动的“结果心态”。具备“结果心态”的人一切唯结果至上，任何时候都以追求结果为本；不具备“结果心态”的人结果意识淡薄，忽视对工作结果的把握。两种不同的做法，成为区分员工卓越与平庸的分水岭。

一名落实型的员工，在结果心态的驱动下，会竭尽全力，利用各种方法取得结果，在赢取结果的过程中，他们会得到相应的提高和回报。相反，一个不负责任的员工终日满足于尚可的工作表现，不思进取，能糊弄就糊弄，没有争取一流的动力，任懈怠的想法肆意蔓延，行动力也日渐减弱，进入一种消极而被动的状态，最终导致职业生涯的黯然。

领导让小A去买书。小A先到了第一家书店，书店店员说：“已经卖完。”他又去了第二家书店，店员说，已经去进货了，要过几天才有。小A又去了第三家书店，这家书店根本没有卖过此书。

中午，小 A 只好回到单位，向领导汇报："跑了几家书店，快累死了，都没有，让我过几天再去看看！"领导看着跑得满头大汗的小 A，欲言又止，摆摆手让他出去了。

小 A 为此事付出很多，有了苦劳，却没有功劳，因为他没有为组织提供结果。组织是靠结果生存的，如果我们每个人都满足于苦劳，满足于"我尽力了，最后做不到我也没办法"，那么组织靠什么生存呢？

去买书是任务，买到书才是结果。小 A 的确跑了三家书店都没有书，这意味着小 A 已经付出了劳动，却没有得到结果。如何让自己的劳动不白费？其实，只要小 A 执着地要结果，就一定会找到有效的方法：

打电话询问其他书店是否有这本书，这样可以省去四处跑书店的时间；

上网查查这本书是哪家出版社出的，与出版社联系邮购；

到图书馆查查是否有这本书，如果有，问领导是否愿意花钱复印。

但是，小 A 脑子中有一个固定的思路：你安排我做这件事，我就做了这件事，我只对事情的过程负责，我不对结果负责。但领导真正想要的是做事的过程吗？答案当然是否定的，领导要的是这件事的结果。

结果第一，责任落实的本质就在于抓住结果，实现预期结果。没有结果，一切过程都毫无意义。反过来讲，如果没有结果，那么所有的苦劳都没有价值，因为整个过程追求的目的就是获得结果。

结果心态是一种积极主动的心态。它提醒我们，不要再把眼光停留在结果上，不要把心态局限在企业给你的回报上，因为那样并不能够帮助你改变现状。反过来，要把眼光放在创造结果的原因上，要把心态放在如何为企业创造更多的价值上。

有了这样的心态，你就不再把命运交给别人！眼光盯在报酬上，就会埋怨企业的工资标准，只要企业不改变，我们就不行动，这样的结果是双输！而眼光盯在提高工资的原因——创造价值上，我们就会积极主动地改变我们的行为，积极主动地多创造价值。这是双赢！

6

第一次就要把事情做对

把事情做对并不难，
难的是第一次就做对。

某企业车间有一排巨幅广告“第一次就把事情做对”。初看之下，众皆哗然。怎么这么“现代”的车间里，竟然会有这么“不客观”的广告呢？这样的广告，不禁让我们思考：第一次就把事情做对，可能性到底有多大？

静下心来想一想，不禁为该广告所折服：要把事情做对，需要多少次？是四次？还是三次？最好是几次呢？当然是—— 一次！

第一次就把事情做对，是对员工的期待，它时时刻刻警醒员工们，在接手每一件事情时，要尽最大的可能，抱着“一次就做对的”信念。第一次就把事情做对，是对质量品质的要求，只有“第一次就做对”，才能尽可能减少废品，保证质量。第一次就把事情做对，需要员工有扎实的职业技能基础，需要员工对“第一次”从事的工作有充分的准备。

在工作中，有时即使是最简单的工作，还是有人一再出错。比如，某广告企业的员工就犯过这样的一个错误，在为客户制作的宣传广告中，将客户的联系电话中的一个数字弄错了。当他们把制作的宣传单交给客户时，客户由于时间紧，第二天就要在产品新闻发布会上使用它，因此没有详细审核就接收了。直到新闻发布会结束后，在整理剩下的宣传单时，才发现关键的联系电话有错误，而这样的宣传单已发放了 5000 多份。

客户一怒之下，向广告企业要求巨额赔偿。由于错在己方，而且客户召开新闻发布会的费用的确巨大。无奈之下，广告企业只好按照客户的要求进行了赔偿。但事情并没有就此结束，这件事情传开后，广告企业便在客户中失去了信誉，渐渐没有生意可做了，因为没有人再敢把自己的业务交给他们去做，害怕再出差错给自己造成麻烦和损失。

一次小小的失误，就把一家本来极有前途的广告企业打垮了。我们不妨设想一下，假如广告企业的员工在工作中能细心点，能一次就把事情做对，那么，这样的现象是完全可以避免的。

也许有人会说："第一次没做对不要紧，我可以做第二次，做第三次。"是的，第一次没做对时可以重新做第二次，甚至是第三次，但是这样做既浪费时间又会浪费精力。假如没有及时发现错误，就会像上文中的广告企业那样，给自己和他人都造成损失。

"第一次就把事情做对"是著名管理学家克劳士比"零缺陷"理论的精髓之一。"第一次就把事情做对"不仅仅是员工应树立的观念，企业的经营者同样也应重视这个观念，无论是在做一件普通的工作，还是像经营一个企业这样的大事，都要抱着"第一次就把事情做对"的态度，唯有如此，才能尽量避免错误发生，才能尽量减少损失。

7

分清轻重缓急，不能胡子眉毛一把抓

歌德说，

重要之事绝不可受芝麻绿豆小事的牵绊。

凡取得过卓越成绩的员工，办事的效率都非常高。这是因为他们能够利用有限的时间，高效率地完成至关重要的工作。

任何工作都有主次之分，如果不分主次地平均使力，在时间上就是一种浪费。所以，在主要工作上，我们要用全部精力，将其做到最好。

德国诗人歌德曾说过："重要之事绝不可受芝麻绿豆小事的牵绊。"工作需要章法，不能眉毛胡子一把抓，要区分轻重缓急！这样才能一步一步地把事情做得有节奏、有条理。

我们在工作前可以先将各类事务按重要和迫切的程度排列好次序。

本质上的重要性：非常重要必须做好；重要应该做好；不很重要可能不必要，但可能有用；不重要可完全免除。

时间上的迫切性：非常迫切现在就必须做好；迫切应该不久就做好；不很迫切可以拖一段；不迫切可以长期不做，没有时间因素。

显然，我们首先做非常重要和非常迫切的事。只有这两项完全重叠才是最主要的事，才是生活、工作中的真正"大石头"。

非常重要和非常迫切之事又可分为：必须亲自去做和可以授权他人去办，我们只做"非我办不可"的事。这样按事情的轻重缓急排列次序、安排日常工作，我们就可以节省出大量时间去做紧急而又重要的事，摆脱事务缠身而又非常超脱。

要集中精力于紧急的要务，就要排除次要事务的牵绊。如果不断地被一些次要事务所干扰，那么就会阻碍你向目标前进的脚步。美国伯利恒钢铁企业总裁理查斯·舒瓦普，曾经为自己和企业的低效率而忧虑，于是向效率专家艾维·李寻求帮助，希望艾维·李能卖给他一套思维方法，告诉他怎样才能在较短的时间里完成更多的工作。

艾维·李说："好吧！我 10 分钟就可以教你一套至少提高效率 50% 的最佳方法。把你明天必须要做的最重要的工作记下来，按重要程度编上号码。最重要的排在第一位，依此类推。早上一上班，立即从第一项工作做起，一直做到完成为止。然后用同样的方法对待第二项工作、第三项工作……直到你下班为止。即使你花了一整天的时间才完成了第一项工作，也不要紧。只要它是最重要的工作，就坚持做下去，每一天都要这样做。在你对这套方法的价值深信不疑之后，让你企业的人也按照这套方法去做。这套方法你愿意试多久就试多久，然后给我寄张支票，并填上你认为合适的数字。"

舒瓦普认为这个思维方法非常有用，很快就填了一张 25000 美元的支票给艾维·李。舒瓦普后来坚持使用艾维·李教给他的这套方法，于是 5 年后，伯利恒钢铁企业从一个鲜为人知的小钢铁厂一跃成为最大的不需要外援的钢铁生产企业。舒瓦普对朋友说："我和整个团队始终坚持挑最重要的事情先做，我认为这是我企业多年来最有价值的一笔投资！"

不管做什么，都要从全局的角度来进行规划，将事情分出轻重缓急，将大目标分成若干个小目标，并坚持"要事第一"的做事原则，久而久之就会培养起自己的"先做最重要的事"的好习惯。

8

打破常规的束缚

只有打破常规，
才能赢得先机。

对待工作要有灵活的处理原则，但在工作中，许多员工抱着坚守工作岗位，坚决不越权半步的观念，一切因循守旧，缺乏创新精神与转化思维，认为创新与优化是领导、上司的事情，非自己的能力所能及，与自己没有什么太大的关联，自己只要把分内工作做好便可万事大吉、高枕无忧了。可以说，这样的工作方式，绝不是最负责的工作方式。

人的智慧都是压力下产生的，只要尽最大的努力，自己的大脑才可能处于激发状态，让自己最高效地工作。

一次，爱迪生吩咐他的助手测量一个鸭梨形的玻璃器皿的容积。然后，就去做别的工作去了。过了很长的时间，这位助手也没有告诉他测量的结果。爱迪生觉得很奇怪，过来一看，助手还在忙着计算，他按常规的方法，对这个器皿的宽和高度等进行反复测量，还在纸上画了许多图辅助计算。但由于这个玻璃器皿形状并不规则，所以他折腾了半天，还是没有计算出它的容积来。

爱迪生见此情形，沉默不语，拿起那个玻璃器皿，把它装满水，然后把水倒进量杯中，他又吩咐助手："看看它的刻度，那就是这个器皿的容积。"助手方才恍然大悟。

这个故事充分说明：工作需要创造性思维。

有这样一个著名的试验：把 6 只蜜蜂和同样多只苍蝇装进一个玻璃瓶

里，然后将瓶子平放，让瓶底朝着窗户。结果发生了什么情况？

你会看到，蜜蜂不停地想在瓶底上找到出口，一直到它们力竭倒毙或饿死；而苍蝇则会在两分钟之内，穿过另一端的瓶颈而逃逸。

由于蜜蜂对光亮的喜爱，它们以为，“囚室”的出口必然在光线最明亮的地方，它们不停地重复着这种自认为合乎逻辑的行动。然而，正是它们的这种智力和经验，蜜蜂没能飞出玻璃瓶；而那些苍蝇则对事物的逻辑不那么执着，全然不顾亮光的吸引，四下乱飞，结果误打误撞碰上了好“运气”，这些头脑简单者在智者消亡的地方反而顺利地得救，获得了新生。

一家化学实验室里，一位实验员正在向一个大玻璃水槽里注水，水流很急，不一会儿就灌得差不多了。于是，那位实验员去关水龙头，可万万没有想到的是水龙头坏了，怎么也关不住。如果再过半分钟，水就会溢出水槽，流到工作台上。水如果浸到工作台上的仪器，便会立即引起爆裂，里面正在起着化学反应的药品，一遇到空气就会突然燃烧，几秒钟之内就能让整个实验室变成一片火海。实验员们面对这一可怕情景，惊恐万分，他们知道谁也不可能从这个实验室里逃出去。那位实验员一边去堵住水嘴，一边绝望地大声叫喊起来。这时，实验室里一片沉寂，死神正一步一步地向他们靠近。

就在这时，只听“叭”的一声，大家只见在一旁工作的一位女实验员，将手中捣药用的瓷研杵猛地投进玻璃水槽里，将水槽底部砸开一个大洞，水直泻而下，实验室里一下子转危为安。

在后来的表彰大会上，人们问她，在那千钧一发之际，怎么能够想到这样做呢？这位女实验员只是淡淡地一笑，说道：“当我们在上小学的时候，就已经学过司马光砸缸了，我只不过是重复地做一遍罢了。”这个女实验员用了一个最简单的办法来避免了一场灾难。

人们在固定的环境中工作和生活，久而久之就会形成一种固定的思维模式，很容易形成盲从。在管理过程中，当其面对难以解决的问题时，就不能突破定式、打破常规，以超常思维去解决新问题，使问题获得新的解决方案。

大多数人都相信自己的经验，害怕改变，担心这种改变会给自己工作带来不必要的麻烦，会给经营带来风险，认为目前的产品还能勉强维持……这些原因使我们不能以超常思维改变定式，其实改变定式的思维对于工作的成败具有非凡意义，但遗憾的是，许多员工宁可相信自己那种并非最佳选择的习惯，也不愿打破常规。

艺术大师毕加索指出："创造之前必须先破坏。"破坏什么呢？就是传统观念和传统规则。我们面对日益扩大的业务和生产经营方式，面对瞬息万变的市场环境，只有敢于挑战规则、打破常规、尝试新事物、运用新方法、敢于承担风险才能有所作为，摆脱危机。如果不能打破这种思维定式，会使我们陷入更加危险的境地，重蹈蜜蜂的覆辙！

9

琐事是效率的泥淖

很多杰出人物，
在琐事上花费的时间是极其少的。

小 C 因为工作勤奋、认真负责而被任命为一家连锁门店店长。走马上任后，他仍旧坚持一贯的工作作风，事必躬亲，兢兢业业，整日埋头于日常的琐碎事务中。由于他生性优柔寡断，遇事总是掂量来掂量去，想出若干结果，生怕引人不快。对一些重要又不太懂的事，他总是采取逃避的态度，非拖到不能再拖的时候，才动手去处理，结果却因时间仓促，常常草草了事。

就这样过去了几个月，虽然他觉得自己已经非常努力了，但每天还是有做不完的工作，处理不完的事务，业绩也不尽如人意。因为小 C 的笔杆子过硬，有次老总安排了一项制度建设的工作给他，让他起草企业的人力资源管理制度，还为他准备了一些人力资源工具书。老总给了半个月的期限，希望他能认真准备一下。小 C 一想半个月时间尚早，就没太在意，仍按部就班处理日常琐事：每天到药店点名，守在药店处理各种纠纷，就连业务谈判、客户回访这些应该由下属去完成的事情，小 C 也亲自过问，每天都像陀螺一样高速旋转。半个月后的一天，老总忽然打电话催要人力资源管理制度，小 C 才忽然想起来，自己居然把这么重要的事情给忘了。于是他打算晚上加班完成。可谁知这天正好是月底，盘点库存至深夜小 C 才回到家中，挑灯夜战，一直熬到第二天早上才算完成。

第二天，老总拿着小 C 起草的文件，一边看一边不停地摇头。一次机会，就这样被小 C 错过了，他很快被调离了店长岗位。

工作时，如果我们没有剥茧抽丝、善抓重点的能力，很可能就会被琐碎的工作所淹没，大事完不成，小事做不完，把自己置于非常被动的境地。那么，怎样才能防止被职场琐事“套”牢自己呢？

（1）工作要有层次。所谓层次，就是我们常说的工作递进程序。

首先，是办事要注意程序。我们既要有全局意识，能够统观全局，全盘规划；又要能理清工作的头绪，把握事务之间的联系，先解决那些必须前置的工作。

其次，是办事要注意进度。开展一项工作，尤其是在开展需要较长时间、花费大力气才能完成的工作之前，最好先拿出一份工作计划书来，对这项工作进行全面规划。比如，什么时间完成第一阶段的工作，什么时间完成第二阶段的工作，完成该项工作的全部内容是在什么时间，然后纳入自己的工作日程，自我督导和加压，确保按进度完成任务。

（2）工作要有重点。为什么工作越来越糟？是因为不善于抓工作重点造成的。工作没有重点，就必定会眉毛胡子一把抓。应该记住：让你去安排工作，而不是工作安排你。集中精力去解决那些重要的、紧急的工作，就会有成效得多。

（3）要懂时间管理。时间管理的最大价值就是让你有充足的时间来解决那些亟须解决的重要事务，而不被其他琐事干扰。

华为曾有针对每个员工进行一次时间管理培训的传统。培训时要求员工避免走进两大时间管理误区：一是工作缺乏计划，二是不会适时说“不”。

华为在时间管理培训中指出，大量的时间浪费来源于工作缺乏计划。比如，没有考虑工作的可并行性，结果使并行的工作以串行的方式进行；没有考虑工作的后续性，结果工作做了一半，就发现有外部因素限制只能搁置；没有考虑对工作方法的选择，结果长期用低效率、高耗时的方法工作。

所谓不会适时说“不”，是指对自己没有把握做好的工作任务不会拒绝。首先是自己不能胜任请托的工作，不仅徒费时间，还会对自己其他工作造成障碍；同时，无论是工作延误还是效果无法达标，都会打乱请托人的时间安排，结果“双输”。这就是不会说“不”的结果，足见其危害性。

时间管理的另一要点是要善于进行时间“封锁”。在必须专注于某项重要的任务时，要学会封闭自己的时间，在重要的时间内只做最重要、最紧迫的工作。

第九章

停止抱怨，不找借口

抱怨是失败的无谓借口，是逃避责任的消极理由。喜欢抱怨的人没有胸怀，难担大任，没有人会因为喋喋不休的抱怨而获得奖励和提升。抱怨不会提高人的能力，也不会让人得到什么有益的经验，它只会让人浪费更多时间，错失更多机会。只有把抱怨环境的心情，化为上进的力量，才是成功的保证。

1

抱怨不会帮助你，只会失去更多

比尔·盖茨说，人生是不公平的，习惯去接受它吧。

请记住，永远都不要抱怨！

失业、裁员、减薪、破产、倒闭、停工……似乎这一切都值得让我们悲观和抱怨。

找不到工作，生活无聊；开始工作了，上班无趣；企业不好、管理不善、氛围糟糕；工资少、环境差、任务重、压力大；经常加班、没有奖金、缺少福利——这些是很多人对于工作经常发出的抱怨声。

没有指示，我不知道怎么办呀？这个事情不归我负责，为什么没有人来协调这个事情呢？这个市场很难做，所以业绩也只有这么点；企业给了这么点经费，能做到这样已经不错了，这些是很多员工经常挂在嘴上的话语。于是，抱怨成了蔓延在社会中的一种情绪，成了氤氲职场里的一种毒气。

其实，我们应该先停止抱怨的话语，问自己几个问题：

我在抱怨什么？

我为什么会抱怨？

我为什么要抱怨？

我凭什么要抱怨？

我能不能不抱怨？

每个人都有可能陷入职业发展的低谷，需要发发牢骚、排解生活的压力，这无可厚非。但问题是，一旦养成抱怨的习惯，内心形成抱怨的思维，让抱怨问题取代解决问题成为生活中的常态，那就非常可怕了。

养成抱怨的习惯，会使人丧失责任感和使命感，忽略工作的完成和自身的成长，从而使自己发展的道路越走越窄。如此一来，他们与企业格格不入。

将心比心，你会聘用一位不断抱怨企业、抱怨领导、抱怨同事、抱怨客户的员工吗？肯定是不会的。任何一家企业都希望聘请一位能为企业解决问题和带来价值的员工，而不是一个喋喋不休的“评论家”。

不要抱怨职场不公平，那很可能是因为你的眼睛“看斜”了；不要抱怨工作不如意，那很可能是因为你的眼睛“看花”了；不要抱怨上级不识才，那很可能是因为你的眼睛“看低”了；不要抱怨下属不尽心，那很可能是因为你的眼睛“看偏”了；不要抱怨同事不配合，那很可能是因为你的眼睛“看扁”了。

改变这些错误的想法，就要从停止抱怨开始！

在困难面前，优秀的员工一定是一个不抱怨的员工，他们倾力于解决问题，关注于获取结果。他们把注意力放在做好工作本身而非推诿抱怨，也就是说，他们知道光靠嘴说没用，更重要的是用勤劳的双手和智慧的大脑去解决工作中出现的各种问题，帮助自己和企业度过危机。

如果我们仔细研究那些在职场上取得成功的人，就会发现他们都有一个共同点：他们坚信方法总比困难多，抱怨不如改变；他们总是能安身于困难的环境，乐于迎接工作中的每一次挑战。那些职场中的失败者，则认为倒霉的事总让自己摊上了，抱怨自己命不好，于是自我放弃。这也是“幸运的人总幸运，倒霉的人总倒霉”的原因所在。

一句话可以给所有处于职场中的人以启示：不要陷入抱怨的世界，把目光投向远方，你会发现领导其实就是你的伙伴，而你也是企业的主人。

2

抱怨不如改变，实干收获成功

卡耐基先生的30条沟通人际关系原则中，
第一条就是：不批评、不责备、不抱怨。

有一只鸟儿打算离开原来的住处，原因是那里的“居民”都嫌它的叫声不好听。好心的鸽子告诉它：“如果你不改变你的声音，飞到哪儿都不会受欢迎。”同样的道理，如果你不改变自己的不足之处，因不满意现在的工作，不满意现在的领导而要换个环境，那么，不管你换到哪里，你都很难得到领导的赏识，也很难获得提升的机会。

有些人抱怨工作环境不好，不受领导和同事的欢迎，明明自己是个人才，却得不到企业的认可与重用，整天喋喋不休地唠叨，总是产生跳槽的想法。

然而，抱怨是无济于事的。与其抱怨，不如找到症结：当你得不到重视无法得到晋升时，你是否想过，你真的是做到最好了吗？你真的了解糟糕的状况是由于自己造成的，还是其他人的偏见吗？一项工作无法出色完成，是哪个环节出现了问题，你是否真的细细思考过？

有位汽车推销员，当他推销汽车失败时，就向企业经理抱怨汽车的色彩太少、种类单一、奖金不够优厚等，经理不理睬他，闷声不吭地在纸上画了一个图，然后问他：“你的同事能赚5000美金，而你却只能赚1000美金，难道他卖的产品和你不同，奖金比你优厚吗？两者的差异在哪里？”

“是我自己。”推销员低下头来，无言以对。

很多时候，安静下来，冷静地找找原因出在哪里，看看是否有疏漏的地方，这远比花费时间抱怨来得更加有效。如果真的是无法改变的问题导致了糟糕的状态，那么换个环境是好的选择；如果问题出在自己身上，而你却对缺点不加以正视、不主动克服，就算调换环境，换了工作，那么依然什么也改变不了。

要让工作改变，先改变自己；要让工作变得更好，先让自己变得更好。问题是死的，人是活的，改变不了别人就要试图调整自己。只有不断要求进步，不断完善自己，发展自己，一切才会发生改观。成功是被改变后主动吸引来的。一个人若想获得成功，须先去检讨失败的原因，努力改进。只有严格要求自己，不断地改变自己，才能让自己变得更好、更优秀、更杰出，你的生活世界也才有可能因此而变得更美好。

3

工作不是苦差事，把工作变成娱乐

凡事一定要努力，
钻进去了才能有成功与乐趣。

对很多人来说，工作是一份苦差。

有个人整天对人抱怨自己的工作有多糟糕。

一次，他又向一位智者诉起苦来：“你知道的，世界上再没有比工作更折磨人的事情了……”

“请原谅，”智者打断他的话说，“据我所知，工作可不像您说的那样，它并非是一件苦差事。”

“你在说什么呀？”这位满腹牢骚的先生叫了起来，“工作可不就是件苦差事吗？”

“你错了，”智者静静地看着他，接着说，“工作应该是一种幸福的差使，我们有什么理由把它当作苦役呢？”

“是吗？也许你的工作是那样，”这可怜的人苦笑道，“可是我的工作太枯燥了，我实在感觉不到有什么幸福可言！”

“你又错了，”智者认真地分析说，“其实，问题并不是出在工作上，而是出在你自己身上。如果你本身不能热情地对待工作的话，那么即使让你做自己喜欢的工作，一个月后你依然觉得它乏味至极。”

爱默生曾说：“有史以来，没有任何一项伟大的事业不是因为热情而成功的。”一个热情的人，无论是做清洁工，还是当企业经理，都会认为自己的工作是一项神圣的天职，并怀着浓厚的兴趣。当工作并不只是谋生的手段，而是把它看作一种快乐的使命，并投入自己的热情时，它就不再是一件苦差事。

热情是成就一切的前提，事业成功与否，往往取决于做事的决心和热情的工作态度。在工作面前，拥有非成功不可的决心和满腔的工作热情时，困难往往迎刃而解，终将取得优良的工作业绩。

有个美国记者到墨西哥的一个部落采访，这天是个集市日，当地土著人都拿着自己的物产到集市上交易。

这位美国记者看见一个老太太在卖柠檬，5 美分一个。老太太的生意显然不太好，一上午也没卖出去几个。这位记者动了恻隐之心，打算把老太太的柠檬全部买下来，以便使她能高高兴兴地早些回家。

当他把自己的想法告诉老太太的时候，她的话却让记者大吃一惊：“都卖给你？那我下午卖什么？”

人生最大的价值，就是对工作始终抱有兴趣。然而，在职场中，像卖柠檬老太太那样，对工作充满热情的人并不多。恰恰相反，就像我们前面提到的那位先生一样，很多人把工作视为苦役，他们早上一醒来，头脑里想的第一件事就是：痛苦的一天又开始了……磨磨蹭蹭地挪到企业以后，无精打采地开始一天的工作，好不容易熬到下班，立刻就高兴起来，和朋友闲聊之时总不忘诉说自己的工作有多乏味，有多无聊，如此周而复始。

IBM 前营销总裁巴克·罗杰斯曾说过："我们不能把工作看作为了五斗米折腰的事情，我们必须从工作中获得更多的意义才行。"

我们可以选择我们的生活，它可以是一种苦差，也可以是一种娱乐。

把工作当作是一种娱乐，这样做的结果是你可以比以前更认真工作，并不是说你可以不用努力工作或你永远都不会做那些枯燥的工作。

学习跟工作也是一样的，它可以是枯燥、不断重复的，也可以是很好玩的。当你全神贯注地学习某一件事情的时候，你就会在很短的时间内可以学到很多东西，其间从不会觉得很枯燥或辛苦。

下面的一些因素可以帮助你把工作变成一种娱乐。

（1）自由。如果你可以掌握自己的时间，做自己真正感兴趣的东西，那工作就变成一种娱乐了。如果你做的工作都是别人强加给你的，工作日程都是别人定的，那或许你不会那么兴奋或没有动力做这些工作。

（2）激情。重复一遍，你一定要追随你的激情，倾听你内心的声音。不要让自己受限制，如果某件事情无法让你感受激情，那你不要强迫自己做下去。放下来，找一个能让你感受激情的工作。

找一个跟你志同道合的朋友，当你工作或学习的时候，如果能找到志同道合的朋友一起共享信息，相互交流，工作会变成更加好玩。

（3）让自己彻底融进去。你可以不停地变换项目、任务，但是这样的话你永远都不能实现你的目标。当你让自己彻底融进一个项目或任务之中时，你可以实现更大的目标并且非常享受这个过程。

4

停止抱怨，做企业需要的员工

不要做鸭子，要做一只鹰。

鸭子喋喋不休，抱怨不停，而鹰则越过人群，展翅高飞。

企业聘用员工，不是为了供养，而是源自需要。

一天，《纽约时报》著名专栏作家哈维·麦克在机场排队等候出租车。当一辆出租车停在哈维面前时，他眼前一亮，这辆车一尘不染，司机穿着整洁的白衬衫，系着黑领带，裤子熨烫得十分平整。他走下车来为哈维打开后车门，同时，他递给哈维一张薄薄的卡片说："我是您的司机威林，在我给您装行李的时候，希望您能够阅读一下我的工作介绍。"

哈维拿起卡片看了起来："威林的任务：让我尊贵的顾客沉浸在愉快的氛围中，通过最快捷的、最安全的并且是花费最少的路线，到达他的目的地。"

哈维心里为之一振，尤其是他注意到出租车内同它的外观一样，也是一尘不染。哈维坐在座位上后，威林说："您要来杯咖啡吗？热水瓶里有加糖咖啡和无糖咖啡两种。"哈维说道："不用了，我还是喜欢喝点饮料。"

"没问题，在小冰箱里面有可乐、水，还有橙汁。"

哈维有点惊讶，差点口吃起来："我，我还是来杯可乐吧。"

递给哈维饮料后，威林说："如果您想看点东西的话，车里有《华尔街日报》《时代周刊》《体育画报》和《今日美国》。"

车开起来了，威林递给了哈维另一张卡片："这是我所搜集的播放音乐的电台频率，如果您喜欢的话，可以听一下收音机。"接着，威林问哈维车内温度是不是合适。然后，他为哈维制定出到达目的地的最佳路线。

“告诉我，威林，你一向这样为顾客服务吗？”

后视镜中的威林面带笑容：“不，实际上，仅仅是最近两年才这样。在开始5年中，我的大多数时间都用来抱怨，就跟大多数出租车司机一样。后来，我在收音机中听到了心理学专家韦恩·戴尔的成长经历，他在一本书中写道：‘如果你在早上起床就期盼会有糟糕的一天，你将不会失望，因为糟糕的事情肯定会如约而至。’韦恩教我‘停止抱怨！在竞争中改变自己，不要做鸭子，要做一只鹰。鸭子喋喋不休，抱怨不停，而鹰则越过人群，展翅高飞。’他真的让我茅塞顿开，韦恩说的就是我，我就是喋喋不休、抱怨不停，所以我决定改变自己的生活态度，变成一只鹰。”

故事中的威林通过停止抱怨、加以改变，让自己成为了特别受顾客欢迎的司机，也正是顾客需要的司机。而企业也恰恰需要像威林这样的员工：他们不会像鸭子一样抱怨，而是像鹰一样在高空展翅翱翔。

日本管理学家川上真史在他的《改变企业的员工在哪里》一书中提出这样的问题：我们的企业到底需要什么样的员工？能够改变企业命运的人是什么样的呢？他给出了下面的答案：

（1）他们不把问题当问题，而把问题当课题；

（2）他们有勇气迈出第一步；

（3）他们能及时、准确地发出有用信息；

（4）他们时刻关注信息，接收一切能为企业带来效益的资讯；

（5）他们能对企业的问题进行深入的分析、探讨，并解决问题；

（6）他们善于用自己的语言来表达观点、远见和计划。

用一句话概括：员工必须能为企业创造价值，他们站在企业立场，及时为企业解决问题，并主动提出合理化建议，而不是没有建设性地在那里抱怨。任何一个渴望成为被企业需要的人，首先要做的就是：从喋喋不休的抱怨到有效实干的转变。

5

环境没法改变，但可以改变自己

环境没法改变，但可以改变自己，
当你改变自己的时候，一切都会改变。

我们无法选择自己的工作，但可以决定自己的工作态度。一个人做事的态度，决定了他日后成就上的高度。我们不能延伸生命的长度，但可拓展生命的宽度。改变不了环境，但可改变自己。

凡事都不可能像自己想象的那么完美，现实与理想永远不可能完全吻合，它不会100%地达到你的要求、100%地满足你的愿望。对环境不满意，对工作没兴趣，终日的牢骚，整天的埋怨，幻想外面的精彩世界，幻想着一切都随己愿，这是不切实际的。它只会阻挠你去积极地面对眼前的一切，而不会摆正自己的心态去看待周围的人和事，结果只会导致越来越糟。

别人难以改变，环境也很难改变，与其牢骚满腹，傻傻等待，不如安身立命、脚踏实地。赢在职场，靠的不是同情和怜悯，你的一切不是靠施舍得来的，得靠自己主动去争取，没有什么东西会白白送到你的手上。

环境不是因你而存在，它永远不会来适应你，只有你去适应它。每个企业都有不完善的地方，都有各自的问题。冲动地离开是不理智的，草率行事损失最大的还是自己，由此你也许会更失去一个绝佳的平台与机会。

机会也许只有一次，错过了一般不会再来，能够把握当前才能把握住机遇，这就需要适当改变自己。改变自己不是妥协，不是随波逐流，而是为了更好的自己所做的理性的改变。

一家大型餐饮企业的总经理，每当向员工谈起自己以前的工作经历，他就感慨良多。只有几分之差，他的大学梦想就破灭了，但是他仍不甘心，于是从农村来到城里寻找梦想。几个月时间他只找到一个餐馆服务员工作，很是失落。他每天收拾桌椅，擦地板，工作又脏又累，而且工资也少得可怜，工作干不好还要扣钱。最初，他是无法忍受的，甚至想回农村老家去。可是转念又一想，既然出来了，既然干了这份工作，就要干好。

于是，工作中的他积极主动，不偷懒，使出自己浑身的力气，从招呼客人到上菜端盘子，满眼都是活儿。当别的服务员忙完自己的活儿后说闲话聊天时，他又主动去打扫厕所，个别员工讽刺他是“比领导还要领导”。几个月后，他的领导给他涨了两倍的工资，1 年后又提升他为前台经理。2 年后，他用自己积累的资金开了一家自己的餐馆。5 年后，他拥有了 6 家自己的餐馆。

一个人的心态决定了他的人生高度。当我们渴望有所成就的时候，才会冲破限制我们的种种束缚。如果一头牛不想喝水，即使拿鞭子抽他，你也无法按下它的头。一个没有上进心的人，我们怎么能奢望他付出更多的努力和辛勤的汗水呢?

改变自己，让自己变得积极主动，可以为自己增加更多的机会，增加锻炼自己的机会，增加实现自己价值的机会。企业可以为你提供道具，而舞台需要自己搭建，演出需要自己排练，能演出什么精彩的节目，就要看你自己付出努力的程度如何。

环境没法改变，但可以改变自己，当你改变自己的时候，一切都会改变。如果你收入不高，原因是什么?如果你的企业业绩不好，原因是什么?只有找到问题出现的原因，问题才能得到解决。心存侥幸，不愿付出，只求不劳而获，抱着这种态度工作的人永远都不会获得发展的机会。

6

对工作充满敬意，对别人充满关爱

莎士比亚说，人的一生是短暂的，
但如果卑劣地过这一生，就太长了。

一流的工作者是勇于负责的，他们能够把一份平凡的工作做得不平凡。尽管做着最不起眼的工作，但他们永远满脸笑容，时时刻刻都在关爱别人，为别人解决问题。

他们之所以能够做到这些，就是因为他们对于工作有着一种最真诚的爱；同时，他们把对生活与他人的爱，都体现在工作之中。为什么很多人感觉不到工作的价值？因为他们心中没有对工作的爱，把工作当成是不得不做的事情，恨不得天天都发薪，日日都放假，每天都为不得不起床上班而抱怨不止。

要是没有对工作的爱，我们就会把工作当作不过是混饭吃的工具。因此，一个仅仅为谋生而工作着的人，往往是难以体会到生活与工作的最高意义的。但那些优秀的人，总能在奉献爱的同时，体验到生活与工作的最大价值。

华益慰是原北京军区总医院外一科主任，从医 56 年，他始终如一地像白求恩那样对事业极端负责，对人民极端热忱。从华益慰医生的身上，我们可以看到，他把工作当成一种爱的方式，而且是乐于付出的。

很多听过他事迹的人，都被感动得热泪盈眶。那么，是什么原因让一个普通的医生受到如此的尊敬和喜爱？因为，华益慰把所有的工作，都当作一种爱的方式付出。

有一位年轻姑娘要做手术。之前姑娘已经做过两次手术。到第三次手术拆线的时候，姑娘不禁愣住了：做了三次手术，肚子上怎么还是两道疤？原来，华大夫考虑到姑娘还没结婚，肚子上疤太多很难看，于是特意从原来的刀口下刀做手术。因为原刀口部位大面积粘连，剥离起来难度很大，华大夫为此多费了不少工夫。但在他看来，医生不仅要给患者治病，还要为他们今后的生活着想，自己累一点不要紧，但一定要多考虑到患者的情况。

如果可以让患者少花钱，他就绝不让患者多花一分钱。有一次，一位山西农民带着三千元来北京做手术，但一个肠吻合器就要四五千元，根本做不起手术。华大夫知道了，对他说："没关系，我用手给你缝。"手术那天，年逾古稀的华大夫趴在无影灯下，一针针细致地缝合伤口，刀口光滑平整，一点不比用吻合器差。手术后一结账，还剩下了 180 元，那位农民不知道有多高兴：不仅手术做了，连回家的路费也有了。但他并不知道，为了他，70 多岁的老人在手术台上多站了两个小时。患者知道后，感动得热泪盈眶。

华益慰常说："这些病人不是万般无奈不会到北京来住院求医。我们将心比心，为他们精打细算，不光是救患者一条命，也是帮他们一家人！"对待每一个病人，他都像春天般温暖。每次手术前夕，无论多忙多累，他都一定要到病房看望病人，和病人聊聊天，说一些安慰和鼓励的话，消除病人在手术前的心理负担。

如果换作一个不负责任的医生，肯定会说："动手术就会有疤痕，哪还管得了什么好看不好看。""看病就得花钱，没钱就别上医院，大夫只管治病，难道还要管家长里短？"这样的医生，不仅缺乏责任感，更缺少对别人的爱，这样的医生又如何能够成为一个合格的医生呢？

一个总是为自己的冷漠和不负责任找种种借口的人，长此以往，工作的动力就会慢慢枯竭。因为，没有人会给予他肯定，他也会越来越感觉不到自己的价值所在。相反，如果一个人通过对他人的关心和帮助，成为他人所需要的人，他就能越来越感受到自己的价值所在。还有什么能够比得到别人的肯定和认可更重要的呢？

工作的最高境界是什么？就是把工作当作是一种付出爱的方式，让所有人感受你对工作的热爱。你对别人热爱，你的工作才会得到别人最大的尊重与认可。

7

你是爱一行干一行，还是干一行爱一行

生命如同寓言，
其价值不在于长短，而在于内容。

爱一行干一行，说白了就是做自己喜欢做的事，从事自己所感兴趣的职业，可谓“爱好成就事业”，这是最理想的状态，是工作的最高境界，也是完美人生的最佳诠释。

如果一个人真的知道自己喜欢什么、不喜欢什么，那是很幸运，因为更多的人在职业选择的时候，并不知道自己喜欢什么，更不知道自己能干什么。也有的人干了好多年，才发现自己一直在干不喜欢的工作。

做自己喜欢做的事，心情肯定是愉快的。所以，要想快乐工作，必须是做自己喜欢的工作。然而，喜欢并不代表你有能力，也并不代表你能够胜任。

喜欢唱歌，却没有好嗓子；喜欢打篮球，身高却是短板……并不是所有的人都能够这么幸运，并不是所有的人都能干自己喜欢的工作。这既有社会的原因，也有自身条件的限制，很多时候不可能事事如意。

一个人可能由于能力、经验、经济条件等方面的原因，正从事着一件自己内心不太愿意干的工作，这是现实生活中经常能遇见的事情。

很少有人步入社会的第一份工作就是自己喜欢的，很多人都是经过一段时间的摸索才找到适合自己的位置。如果你不喜欢自己的工作，也不要特别心急，可以等你心态比较平静、意识比较理智的时候再采取行动。积极主动地想方设法改进，去找寻能够达到目标的一些方法，或者与同事沟通，或者找领导谈话，或者自己采取进行一些观察改变，这是积极的做法。

不论什么原因，既然你从事了这一职业，选择了这一岗位，就必须接受它，以高度的事业心投身其中，尽自己最大的努力，实现自我超越。

学计算机专业的孟帆，毕业后进了一家有一定规模的电脑企业做软件设计员，拿着比其他同学高好几倍的薪水，但她并不开心。工作中接触的都是年轻的男士，她总觉得他们有些瞧不起她，她自己也很自卑，最关键的是她发现自己根本就不喜欢这份工作。想到以后每天都要过这样的生活，心中竟不寒而栗。逐渐地，孟帆对上班产生了一种莫名的恐惧，一想到那些密密麻麻的数字，心里就犯怵。后来，情况发展得更严重了，她对上班产生了极大的抗拒，甚至故意装病以摆脱巨大的心理负担。

一次偶然的机会，孟帆参加了一位大学同学的婚礼。她的同学的丈夫来自美国，知道孟帆英语不错，特意请她去照顾新郎的几个亲戚。听着他们纯正的美式英语，孟帆内心涌动着一种冲动，兴奋地用英语和他们交流着。从婚礼上回来后，孟帆陷入了深深的思索，她有生以来第一次发觉自己的兴趣在英语上。可是，一想到自己学的是计算机专业，没有任何可以证明英语过硬的证件，刚刚鼓起的勇气又被浇灭了。

然而，由兴趣引发的动力是极强的，再加上她对工作越来越提不起精神，最后决定给自己一次重新选择的机会。一家企业看了她翻译的文件后，答应录用她。领导拍着她的肩膀说：“你的能力就是你最好的证书。”听到这话孟帆的眼睛湿润了。

现在，孟帆已经成为一名同声传译人员，在英语这片广袤的天空中尽情地展翅飞翔，虽然困难在所难免，但她有使不完的劲儿，对自己充满了信心，因为她喜欢自己的工作。

热爱自己的职业，热忱地投入工作，干一行爱一行，从中你会发现工作的价值。只要你热爱自己的工作岗位，即使是平凡的工作，你也可以把它做得很出色。

8

学会正面思维

罗斯福夫人说，
没有你的允许，世界上没人能够让你觉得自己低人一等。

心理学之父威廉·詹姆斯说过，我们这个时代最伟大的发现就是人们可以通过改变思维方式来改变自己的生活，而思维方式是一种选择，我们可以用积极的思想对待事物，也可以用消极的思想对待事物。

大脑是个出色的过滤器，但很多员工却不会使用它。弗兰克·泰格研究过很多失败的人士，他发现："成功路上的障碍多是人为的，而制造障碍的人往往就是自己。"

很多员工因循守旧，亦步亦趋，没有创意，不敢行动，甚至妄自菲薄，总觉得自己不如别人。

纵观职场，成功者之所以成功，就是摆脱了负面的想法，强化了正面的想法，即自己成就自己。曾子说过："吾日三省吾身。"如何省？无外乎取舍，无外乎用正面思维取代负面思维。一日三次，持之以恒，就能校正好自己的"思想路线"，端正自己的行为。

成功有顺序，首先，是思维的成功，然后，是做法的奏效，最后，才有功劳簿的记载。可以说，正面思维是成功的源头。在历史上，有回头的浪子，有从军的木兰，有失聪的音乐家，有半路出家的高手——哪里有成功人士，哪里就有正面思维。

什么是“正面思维”？我们不妨先从一个简单的测试开始。早上上班的路上，拼命追赶还是没有赶上那班关键的公车，于是你的第一反应是：A. 为什么倒霉的总是我？ B. 为什么公车开得那么快？ C. 又要迟到了，又要扣钱了，又要挨领导批了……进而在极度郁闷的情绪下，做出“索性不去上班”的决定。

很显然，以上三种想法都不是正面思维，尽管选出 C 可能真正逃过一天班未尝不是件美事，但因此产生的后果和心理负担可能比选 A 或 B 还要严重，那么，正面思维的答案是什么呢？应该是立刻给领导打电话解释，然后继续赶路。

所以正面思维就是指在遇到挑战或挫折的时候，人们会产生“解决问题”的想法，并且找出方法正面迎接挑战，反之，负面思考就是一遇到挫折，人们就被负面情绪打败，责怪自己，责怪环境，最后选择退缩、放弃或者报复。

当人们遇到挫折时，真正能够做到正面思维的人不到 10%。

表面看，没有赶上公车可能真算不得什么人生挫折，但是生活不就是这些日常小事一点点堆积起来的吗？如果在小事上无法使用正面思维，那么真遇到“天大的困难”的时候，我们又会如何应对呢？

负面思考的人会从不愉快的事件中感到“无助”，认为自己无法改变现状，认为无论怎么做，到最后都是坏的后果。久而久之就失去了对事件的理性判断，做出负面的决策，但这个时候只要在思考的路径里假设两个步骤——反驳和激励——就可以将负面思维转变成正面思维。反驳是指对自己预设的负面情节、负面决策进行反驳；激励则指强化自己转向思考如何解决问题的能量。

正面思维会确保员工处理任何事情都以积极、主动、乐观的态度去思考和行动，促使事物朝有利的方向转化。正面思维使人在逆境中更加坚强，在顺境中脱颖而出；变不利为有利，从优秀到卓越；从认知上改变命运，是事业成功和实现自我的有效途径；它的本质是发挥人的主观能动性，挖掘潜力，体现人的创造性和价值。

第十章

超越自我，走向卓越

当我们拼搏奋斗时，心目中有没有一个比挣得三餐更为远大的理想？当我们在平凡生活中纠缠消磨时，有没有一个比庸庸碌碌活一辈子更为振奋人心的动力？别放弃自己的理想，想到了就去做，坚持不懈、努力终生，你就一定可以超越平凡，成就自己的卓越人生。

1

不满足尚可的工作表现

纵然有一千个理由哭泣，
也要有一千零一个借口坚强。

对于工作，还有一个基本原则，那就是“要做就做得更好，否则就不做”。

C 小姐在一家大型建筑企业任设计师，现在是企业里的红人，待遇优厚。但是，当初可不是这样。她刚进企业的时候，常常要跑工地，看现场，还经常要加班加点为不同的客户修改工程细节，异常辛苦。但她仍认认真真地去做，毫无怨言。

有一次，领导安排她为客户做一个设计方案，时间只有 3 天。接到任务后，C 小姐看完现场，就开始工作了。后来她说，这 3 天时间里，她都在一种异常兴奋的状态下度过。她食不甘味，寝不安枕，满脑子都想着如何把这个方案弄好。她到处查资料，虚心向别人请教。3 天后，她把一项详细、完美的设计方案交给了领导，并得到了领导的肯定。

因为 C 小姐的工作认真，领导不但提升了她，还把她的薪水翻了 3 倍。

后来，领导告诉她：“我知道给你的时间很紧张，但我们必须尽快把设计方案做出来。如果当初你推掉这个工作，我也可以理解。但你表现得非常出色，我最欣赏你这样工作认真的人！”

C 小姐说，她之所以这样做，之所以能取得今天的成就，源于她给自己立下的一条规则——“要做就做得更好，否则就不做”。

一个人的工作能力很重要，而工作态度也同样不可忽视，工作态度最能体现一个人的品行是否优秀。员工都渴望能升职加薪，而所有优厚待遇的基础都源自你平时的表现，这种表现既包含工作的成果，也包含对待工作的态度。以一千块的薪水做成价值一万块的业绩，领导自然能看在眼里，记在心里。

所以，每个员工都一定要放弃“拿多少钱，做多少事”的想法，树立“要做就做得更好，否则就不做”的从业理念，而且对于任何工作，我们都应该按照这个原则去做，不能把工作分为三六九等，然后区别对待。态度决定了行为，拥有良好的态度，行动力也会随之改善。

出租车司机臧勤本是个很普通的出租车司机，但他“在工作中透出管理思维”，对营业数据进行统计、分析的思维方式，令人耳目一新，甚至微软中国上海企业一位部门经理和当地媒体都对其称赞不已。

他从计价器中研究一天的详细记录，“每次载客之间的空驶时间平均为 7 分钟。乘客上车后，10 元起步价大概需要 10 分钟。也就是说，我每做 10 元生意要花 17 分钟的成本”。根据核算，“20 元到 50 元之间的生意，性价比最高”，如果做 20 元左右的中短途生意，两小时能赚 120 元；做好一车之后，还要决定往哪儿拐弯、怎样规避交通高峰，并“通过挑选行车线路来主动选择所载的客人”。

此外，他十分注意收听电台广播，特别留心市内举办的商业交易会等活动，“靠资讯引领生意”。他所在车队的负责人表示，“像他这样用脑子开车的驾驶员确实罕见”。

臧勤更是一名“快乐的哥”。他说，有些司机会抱怨交通拥堵、油价上涨，但我想外在环境是不能改变的，最好的办法就是改变自己。因此，他遇到红灯的时候，就把心态放松，“放一粒五香豆到嘴里，看看街景，有时感觉就像自己在开私家车兜风”。

臧勤之所以能如此引人注目，并成为出租车司机中的高收入者，主要还是缘于他踏实积极的心态——“很多司机都抱怨，生意不好做啊，油价又涨了啊，都从别人身上找原因。我说，你永远从别人身上找原因，你永远不能提高。从自己身上找找看，问题出在哪里”。

臧勤的事迹流传开后，很多人都知道了臧勤，也有不少人说他做司机太委屈了，应该去大企业做个高级管理人员。臧勤不这样认为。他说："我只想做一个平凡的司机，我现在的生活很快乐。但是我要做很快乐、有思想、有素质的司机，所以我还需要学很多知识，不断提高自己。"

从臧勤身上可以看到，你怎样看待工作，工作就会怎样回报你。无论面对任何工作，当你以高度负责的精神来做这件事情时，它就会因你的责任心和高度负责的行动而变得高尚且充满意义和价值。别让尚可的工作态度成为阻碍你向上的借口，去发现更积极、更努力的自己，你才会变得越来越优秀。

2

在平凡的岗位上创造不平凡的业绩

苏格拉底说，

每个人身上都有太阳，只是要让它发出光来。

人生面临的最大挑战不是天灾人祸，也不是改变命运的选择，而是日复一日、年复一年地重复极其枯燥的工作。能在旷日持久的平凡工作中孕育伟大，在重复单调的工作中享受生活，才是工作最大的意义。所以，我们要努力在平凡的岗位上创造出不平凡的业绩，把简单的事情做得不简单。

我们都见过孩子在游戏时的情景。他们有时小心翼翼，辛辛苦苦地用积木搭成一座房屋；有时费不少精力，画了一张很漂亮的图画。可是，当我们正在旁边为他们的成果庆贺赞赏的时候，他们却毫不留恋地把他们所搭成的房屋推倒，把那张画随手揉成了一团。

于是，成年人往往禁不住为他们惋惜:“为什么好不容易做出来的成绩，这样不知道珍惜爱护呢？为什么不把它们好好地保存起来，留着慢慢地欣赏呢？”

可是，当他们又重起炉灶，用自己的手和脑，创造出另一件更新的、更好的作品来时，我们才开始领悟到，在这方面来说，孩子们比我们大人是强得多了！他们是永不满意自己目前的成绩的。

因为他们知道自己将更有进步，将会做出比目前更好、更可贵的作品来。所以，他们从不会像大人那样，停下来，自我陶醉地欣赏自己工作的成果；把自己工作的成果谨慎地珍藏着，唯恐一旦弄坏，自己就再没有把握做出一个比这个更好的东西来了！在这方面，成年人就往往逊色得多了。一个人，一旦对自己的成绩珍重欣赏，不敢重起炉灶，重新创造的时候，那就暗示着他的学习能量到了一定的限度，暗示着他不会再有新的进展了。

许多成功的人都知道，要想使自己平凡的工作不再平凡，做好一件事——超过别人所期望你做的，你就会如愿以偿。这种额外的工作可以使人对本行业拥有一种宽广的眼界，与此同时获得更多的机会。

以下是一些平庸者的心态。

（1）成功的关键在于运气。很多人坚信成功是由于有好的机会，因此，他们被动地等待命运的安排，而不去主动地计划、经营自己的生活。没有积极的心态就没有前行的动力，就不可能面对人生的各种富有挑战的工作。

（2）由上司决定升迁的快慢。如果过于迷信上司对你升迁的影响，你会因迎合他的好恶而妨碍了自己真正的成长。如果你失败了，你又会归咎于上司，而看不到自己的问题，这样会使你走入歧途。

（3）邻家的绿地总是更绿更好。这就是常见的“这山望着那山高”的心态。总是觉得别人的工作更理想，因此产生“跳槽”的想法，而没有想到在新的工作岗位上要建立新的人际关系，面对新的矛盾和挑战。其实不管从事什么工作都是不容易的，都要有现实的态度。

在我们的生活中，工作占我们一天 1/3 的时间，是我们人生的重要组成部分。但每个人对工作的定义不同，有的人认为工作是为了衣食住行，是生活的代价，是不可避免的劳碌！而有的人则认为工作是理想的奋斗，是自己一生的事业！

如果在平凡岗位上的我们，以敷衍的态度对待工作，每天被动地、机械地工作，同时不停地抱怨工作的劳碌辛苦，没有任何趣味，那我们的环境会变好吗？收入会增加吗？会开心吗？不会，当然不会！这样只能永远做等待下班、等待工资、等待被淘汰的三等人！

古希腊哲学家苏格拉底说，每个人身上都有太阳，只是要让它发出光来。

我们大都是平凡的人，做着平凡的工作，处在平凡的岗位上，而无论我们处于什么岗位，或者做什么工作，我们都应该具有岗位责任感，尽力把工作做好，使我们不致流于平庸。

3

不断学习，卓越来自一身的真本领

学习不仅是为了谋生，
更是为了创造生活。

有位名人说过：一个人文化基础差，但追求不能差；知识水平低，但志向不能低。只要不断学习，就能超越自我；只要不懈努力，在平凡的岗位上一样可以创造不平凡的业绩。这样积极进取的员工，才是企业最需要的员工。

美国哈佛大学著名心理学家威廉·詹姆斯说过：生活中的成功并非取决于我们与别人相比做得如何，而是取决于我们所做的与我们能够做到的相比如何。一个成功的人总是和他自己竞争，不断刷新自我纪录，不断改善与提高。

亚德里恩是巴黎一家五星级大酒店不起眼的小厨师，他只会做些小菜，所以只能当下手。但是，他不甘心总给别人打下手，当一个可有可无的人。在发现自己对甜品的兴趣后，他苦心学习，用心钻研，在不断尝试后创作出许多口味独特的甜品。

酒店里年年都要裁去一定比例的员工，不起眼的亚德里恩却年年风平浪静。后来酒店总裁告诉他：他的一道甜品偶尔一次被一位长期住在酒店里的夫人发现，她在品尝后十分欣喜，每次来这里住都会点名要这一道甜品。这位夫人是酒店重要的客人，自然亚德里恩也成为酒店里不可或缺的人。

亚德里恩是幸运的，而这种幸运也来源于他自己的努力，当我们在抱怨自己时运不济的时候，是否很多时候都是因为自己的能力不足以支撑自己遇见好运呢？

在竞争激烈的职场中，没有一门过硬的本领，干的工作别人都能干，那么随时都有可能被人接替。拥有一门独家绝技，就会成为别人无法替代的人。

要想变得不可替代，就要积极进取，努力学习，加倍努力。只有不断学习，让自己变得更优秀，才可能在激烈的竞争中站稳脚跟。随波逐流，懒散懈怠，只会不堪一击。

职场中，管理者会时刻盯向那些掌握新技能、能为企业提高竞争力的员工。一个善于学习且乐于不断学习的员工，会具有十足的竞争力。

在今天这个日新月异的时代，每 5 年里发展出来的新技术可能就会淘汰过去 50 年甚至 100 年里积累的技术。所以，每个人都必须坚持学习，才能与时俱进，才能在这个生理寿命逐渐延长、知识寿命日益缩短的社会里发挥自己的潜力。

很多人都会发现，大学毕业后的前两年，同学们聚到一起，大家的变化还不算很大。等到 5 年后再聚到一起时，每个人几乎都会有相当大的变化，善于学习新知识的人能够很好地适应工作、适应社会，而只会抱着学校里学来的知识，不思进取的人就会有与社会节奏不合的感觉。

因此，一个人进入社会之后，必须在工作中不断学习新的知识和新的技能。一个人学习效率的高低和投入的时间都会影响他的工作成绩，继而影响他的事业和前途。英特尔企业总裁安德鲁·格罗夫先生曾说过只有偏执狂才能生存。然而，对于白领沈小姐来说，她更相信：只有学习狂才能生存。虽然沈小姐已经拥有硕士文凭，但她仍然怀有一种危机感。她经常提醒自己："在知识经济时代，一切都以格罗夫所说的'10倍速'高速发展，一年不学习，你所拥有的知识就会折旧80%。所以，我必须'天天学习，天天向上'。"

4

自动自发，超越领导对你的期望

在工作中保持主动精神，
能让我们把平凡的工作做得更好。

随着多元经济的快速发展，我们的社会到处充满了机遇和挑战。受社会环境的影响，我们的企业也要时刻准备着经历从峰尖到浪底的历练。企业要生存，就要靠每一个员工主动进取，时刻与企业的长期目标保持步调一致，创造出不凡的业绩。

微软的雇人哲学里包含"四项基本原则"，其中重要的一项原则就是要招聘最好的和最聪明的，什么样的是"最好的和最聪明的"呢？简单地来概括就是：聪明智慧、可塑性强。他们要找的不一定是某一方面的专家，但一定要是一个“学习快手”，这个“学习快手”要能在短时间内不依赖企业的培训，而主动学习关于工作范围的知识，来提高自身的技能。需要“主动进取”的员工，是管理者们共同的心声。

成功学的创始人拿破仑·希尔曾经聘用了一位年轻的小姐当助手，替他拆阅、分类及回复他的大部分私人信件。她的主要工作就是听拿破仑·希尔口述，记录信的内容。

有一天，拿破仑·希尔口述了下面这句格言：“记住，你唯一的限制就是你自己脑海中所设立的那个限制。”从那天起，她把这句格言深深地刻在了自己的心里，并付诸行动。她开始比一般的速记员提早来到办公室，而且在用完晚餐后又回到办公室，从事不是她分内而且也没有报酬的工作。

她开始研究拿破仑·希尔的写作风格，不等口述，直接把写好的回信送到拿破仑·希尔的办公室来。由于她的用心，这些信回复得跟拿破仑·希尔自己所能写的完全一样好，有时甚至更好。

她一直保持着这个习惯，直到拿破仑·希尔的私人秘书辞职为止。当拿破仑·希尔开始找人来补这位秘书的空缺时，他很自然地想到这位小姐。实际上，在拿破仑·希尔还未正式给她这项职位之前，她已经主动地接受了这项职位。

这位年轻小姐的办事效率太高了，因此也引起其他人的注意，很多更好的职位对她虚位以待。对这件事拿破仑·希尔实在是束手无策，因为她使自己变得对拿破仑·希尔极有价值，她的价值还不止于她的工作，更在于她的进取心和愉快的精神。因此，拿破仑·希尔不能冒失去她做自己的帮手的风险，不得不多次提高她的薪水，后来她的佣金达到她当初来拿破仑·希尔这儿当一名普通速记员的4倍。

有的人虽然也很勤奋，但他总是在被动地工作，机械地完成任务，这样工作很难做出成就；而这位速记员面对上司交代的任务，总是能积极主动的创造性的完成，最后超出上司的期望，给上司带来惊喜，以至于上司不得不多次提高她的待遇。她的做事方法告诉我们：无论做什么事情，都要善于多动脑筋，多用心想一点会使你受益匪浅。对于一个能在工作中主动发现问题，解决问题的员工，领导没有理由不加以重用。

工作不单单是每天准时的上班、下班，它是一个包含了诸多智慧、热情、信仰、想象和创造力的词汇。

工作卓有成效的员工，他们总是在工作中付出更多的智慧、热情，而工作毫无起色，庸庸碌碌的人，却将这些深深地埋藏起来，他们有的只是逃避、指责和抱怨。

美国钢铁大王安德鲁·卡内基在自己还是一个小职员的时候就明白了这个道理。

卡内基在宾州匹兹堡铁道公民事务管理部担任小职员时，一天早晨在上班途中，他发现一列火车在城外发生车祸。他想要打电话给上司，却联络不上。

他知道每多耽误一分钟，都将对铁道企业造成巨大的损失。在没有办法的情况下，他以上司的名义，发电报给列车长，快速处理，并且在电报上面签下了自己的名字。他知道根据企业严格的规定，这么做等于是自动辞职。

过了几个小时，上司回到座位，发现卡内基的辞呈，以及今天所做之事的详细情形。那一天过去了，一切正常。第二天卡内基的辞呈被退回来，上面用红笔批了三个大字："不同意。"

几天之后，上司把卡内基叫到办公室说："小伙子，有两种人永远只在原地踏步。第一种是不肯听从命令行事的人；另一种是只肯听从命令行事的人。"这件事情让上司明白，卡内基比那些铁路警察有用多了。

对很多人来说，每天的工作可能是一种负担，一种不得不完成的任务，他们并没有做到工作所要求的那么多、那样好，而对每一个企业的领导来说，他们渴求的绝不是那种只是听从指挥、遵守纪律，却缺乏热情和思考力，不够积极主动、不动脑筋的员工。

在卡内基看来，为了企业的利益，不能事事都等领导交代，如果是正确的，即使是有损于自己的利益也要去做，当然，重要的还是要对自己所做的事情负责。

我们发现，每天早出晚归看似勤奋的人不一定是工作认真的人，每天忙得不可开交的人也不一定是工作业绩突出的人。如果对一个人来说，工作只是为了生存而不得不做的一件事情，那么工作就成了一种负担，一种苦役，这样的工作态度当然就不要奢求他有工作热情，甚至创造力了。

成功很大程度上取决于我们的做事方式，而这种做事方式又取决于我们的工作态度。

实际上，每个管理者都希望自己的员工能主动工作，带着思考工作。只有那些能准确领悟领导的指令，然后凭借自己的智慧，把领导布置的任务完成的比其期望的要好的员工，才能得到赞赏与器重。

自动自发的工作是业绩突出的保证，是事业成功的基础，更是对企业忠诚的表现。主动去做好上司交给你的每一项工作，开动你的智慧，富有创造力地去工作，不仅会让你超越别人，更会让你不断超越过去的自己，实现人生的不断进阶。

5

挑战自己，别被不可能的心态左右

勇于向“不可能完成”挑战的员工，
犹如稀有动物一样，始终供不应求。

难度决定高度，一个勇于挑战，并有能力承担责任的人是任何企业都渴求的人，他们努力寻找这样的人。

美国银行家莫尔当副总统执政期间，声誉卓著。然而，这位副总统曾经是一名小布匹商人，从一个小布匹商人到副总统，为什么会发展得这么快？《纽约时报》有一位记者带着这个疑问访问了莫尔。

莫尔说：“我做布匹生意时也很成功，可是，有一天我读了一本书，书中有句话深深打动了我。这句话是这样写的：‘我们在人生的道路上，如果敢于向高难度的工作挑战，便能够突破自己的人生局面。’这句话使我怦然心动。让我不由自主地想起前不久有位朋友邀请我共同接手一家濒临破产的银行的事情。因为金融秩序混乱，自己又是一个外行人，再加上家人的极力反对，我当时便断然拒绝了朋友的邀请。但是，在读到这一句话后，我的心里有种燃烧的感觉，犹豫了一下，便决定给朋友打一个电话，就这样，我走入了金融业。经过一番学习和了解，我和朋友在一起从艰难中开始，渐渐干得有声有色，度过了经济萧条时期，让银行走上坦途，并不断壮大。之后，我又向政坛挑战，成为一名副总统，到达了人生辉煌的顶峰。”

只有向高难度的事情挑战，才能有机会把你的潜力释放出来，才能变潜力为成就，才有可能取得成功。很多看似不可能的事情，只有在挑战、尝试过后，才会知道是否有实现的可能。

有一位撑竿跳的选手，一直苦练都无法越过某一个高度，他失望地对教练说：“我实在是跳不过去。”教练问：“你心里在想什么？”他说：“我一冲到起跳线时，看到那个高度，就觉得我跳不过去。”教练告诉他：“你一定可以跳过去。把你的心从杆上跳过去，你的身子也一定会跟着过去。”

不敢向高难度或者未知的领域挑战，这并不是工作本身具有多大的难度，而是你被“不可能”的心态所左右。

科学家曾经做过一个有趣的实验。他们把一只跳蚤放在桌子上，然后拍桌子，跳蚤立即跳起来，跳起来的高度是它身高的100倍以上，堪称是世界上跳得最高的昆虫。但是当实验者在跳蚤身上罩一个玻璃罩之后，再让它跳，这一次跳蚤碰到了玻璃罩，被弹了回来。连续尝试跳了多次后，跳蚤改变了起跳高度以适应环境，每次跳跃的高度总保持在罩顶以下。接下来，实验者逐渐降低玻璃罩的高度，跳蚤每次碰壁之后也主动降低自己跳跃的高度。最后玻璃罩的高度接近桌面，这时候跳蚤无法跳跃了。这时候，实验者把玻璃罩打开，再拍桌子，跳蚤仍然不跳，变成一只“爬蚤”了。

为什么跳蚤会变成“爬蚤”了呢？是它丧失了跳跃能力了吗？显然不是，而是因为它在遭受挫折以后，玻璃罩的限制已深深地刻在它那有限的意识里，反映在它的心灵上，使它失去了起跳的勇气。

心理学家把这种现象叫作“自我设限”。这种自我设限就是在自己的潜意识中注入消极的思想，让自己失去了超越自我的勇气，从而阻碍了潜能的正常发挥。

好多人不能成功，并不是因为自己的能力不够，而是因为自我设限。在自我设限的时候，人往往就在潜意识里给自己下了一个消极的论断：这件事我做不了。由此形成了一种消极的心态，对这些事情望而却步，结果自然是做不成。

一家企业有一个新来的业务员，很敬业也很能吃苦，但业绩起色不大，面临淘汰。经理观察发现，该业务员是刚刚从大学校门走出来的，在做业务之初因为受到了部分客户的冷遇、拒绝，甚至白眼，他的自信心受到严重打击，从此落下了“病根”——这些客户很难沟通。他自我设限的过程开始了，对客户的态度分成三种：有的打得火热，有的相对冷淡，有的过门不进。

经理了解情况后，给他讲了一个故事：曾经有一个人的斧头坏了，他要到邻居家借一把斧头。从产生借斧头的念头时他就想：如果邻居不借给他怎么办？如果没用完邻居就催要怎么办？如果邻居给他脸色看怎么办？如果邻居要钱怎么办？一连串的“怎么办”伴随着他走到了邻居的门口，他那时候的心情已经坏到了极点，以致他见了邻居时第一句话就是：“让你的斧头见鬼去吧！”借斧头的结果可想而知。听了这个故事，这个业务员明白了自己的问题，并有意识地克服，渐渐地摆脱了对客户的恐惧心理。

如果对看似不可能完成的工作抱着唯恐避之不及的态度，结果可想而知。我们想成为什么样的人，没有人限制，如果有人设置障碍，那么那个人就是你自己。

洛克西德·马丁企业董事长诺曼·奥古斯丁说：“世界上只有两种企业：

一类在不断进取，另一类被淘汰出局。”要么进取，要么出局，这是市场游戏的规则。同样，作为员工，我们也只有两条路可供选择：要么进取，要么出局。

勇于向不可能完成的工作挑战的员工，是职场勇士，他们始终是最受管理者们欢迎的人。一位管理者描述自己心目中的理想员工时说：“我们所需要的人才，是有奋斗进取精神，勇于向‘不可能完成’的工作挑战的人。”勇于向“不可能完成”的工作挑战的员工，犹如稀有动物一样，始终供不应求。

6

善始善终，像重视开始一样重视结尾

巴斯德说，

我达到目标的唯一的力量就是我的坚持精神。

我们对待工作始终要保持一种善始善终的态度，这不仅是一种职业品质，更是一种职业使命。善始善终是一种优秀的职业品质，也是任何一个管理者选拔、录用、提升员工时优先考虑的因素之一。

乔治和杰克同时在一家工厂找到了工作。上班第一天，经理把他们带到车间生产流水线旁，让他们跟领班熟悉岗位，并对他们说：“企业为你们提供一个月的试用期，至于是否继续聘用你们，就看这个月你们自己的表现了。”

开始的时候，他们工作都比较有积极性，虽然每天重复简单的劳动难免让人厌烦，而且上夜班的时候非常辛苦，不仅要聚精会神工作，还要与不时袭来的瞌睡虫做斗争，但他们还是非常努力。

一个月的试用期快结束了，他们两个人对自己通过试用期都信心百倍。但试用期的最后一天恰好是夜班，经理在晚饭后叫住了他们，说："真的很抱歉，通过企业人事部的考察，你们两人都没有通过企业的试用，上完这个夜班，你们就可以离开了。"说完，他把这个月的工资交给他们，就走了。

没想到会是这样的结果，两人都呆呆地站在那里。也不知道过了多久，乔治说："该去上夜班了，我们走吧。"杰克说："你傻吗？我们已经被解雇了！"

乔治说："是的，可是，如果我们都不去上夜班了，那厂里的生产线怎么办？"杰克说："你想吃亏你就去吧，我反正不去了。"

杰克离开了，乔治站在那里想：这怎么能算吃亏呢，企业给了自己一个月的薪水，自己虽然被解雇了，但那是明天的事，只要在职一天，就应该负责到底。于是，他就像什么都没发生一样换上自己的工作服，没有因为已经被解雇而有丝毫的马虎和懈怠。

第二天一早，当乔治收拾好东西走出车间，正想着又该去找工作了，没想到经理迎了上来，他说："恭喜你，你的试用期正式结束，请你明天到办公楼去接受新职位的安排。"

乔治大惑不解，经理说："昨晚是试用期的最后一项考核，你们两个人都很优秀，但和你的同伴相比，你对待工作的态度更让我们敬佩！"

当你从事一份工作时，就要勇敢地承担起这份责任，别给自己留有推卸的余地。即使是最后一班岗，也要站好，以积极的态度将工作做完、做好。当你履行完这份职责时，你会认识到这份职责的分量与价值所在。

善始善终的工作，不仅是一种责任，更是一种良好的品行。当你将自己强烈的责任心化为一种善始善终的工作态度时，你会获得工作伙伴、领导者和企业的青睐。

7

经常反省，更好地提升自己

罗宾说，
如果你每天都能改进工作，必然能够如愿成就自己。

松下幸之助在松下电器创立50周年纪念日上的讲话中说：“我们已经走过了250年计划的五分之一，现在彻底回顾并检讨这50年，我认为我们过去走的路没有错，是成功的，而各位也非常热心和努力。”

“可是详细研究这50年的内容时，似乎存在着失败，即使不能算是失败，似乎也有考虑不充分之处，有做得并不十分完善之处，以及疏忽大意的地方。在今后的年代里，就要消灭那些错误，即使是只能往前推进一步也好，希望大家能和我一同在这有意义的一天里，深深反省。”

“我发觉，不论国家或个人，没有反省就没有进步。同样的道理，没有反省的企业，也会停顿不前。从这个意义上说，进步是由反省诞生的。不能因为业绩上升，就认定昨天和以前的做法是对的。一定要知道，今天的做法并不能得到满分，一定还有值得改进的地方，然后每个人都以100分为目标去努力。即使做不到，也要经常保持这种反省的态度。我认为我们今后会有大的发展，不过希望各位能认清这一点，即是否成功，完全系于这一年的反省上面！”

人人都懂得自加，却很少有人懂得自减，总是认为自己说的做的都是对的，都是有道理的。我们很容易批评其他人，说某某做得不对，却总是在评价人的时候，遗忘了自己。

可是，每个人都有缺点，每个人都会犯错，所以，为什么不静下心来反省一下自己呢？有了过失而不自知，从而越来越滑向错误的深渊，这只能是让自己损失得更多。

一个具备反省能力的人一定要具有自我否定精神，就是要勇于认错。每个人都会有错误和缺点，有了错误，主动接受批评和自我批评，认真反省自身缺点，从而不断改进自己、升华自己。反省是心灵镜鉴的拂拭，是精神的洗濯。反省的过程就是一个人心智不断提高的过程，是一个人心灵不断升华的过程，也是我们对所遵循的标准不断反思和不断提高的过程。

在现实生活中，我们按照自己的理解来决定自己的行为准则，然而，这些行为过程却会让我们经历种种失败和挫折。在不断的失败和挫折中，我们逐渐明白哪些地方需要不断纠正，需要不断改善。所以自省是最简单的减法。

一个具备反省能力的人一定能够对自己提出严格要求。他们总是寻找自己的不足，力求改进这些不足；他们总是能够虚心听取别人的意见，从别人的建议中汲取营养，使自己变得更加完善；他们不会害怕自我批判和自我否认，因为他们知道自我否认的目的是为了使自己达到一个更高的层次。

当然自省不一定全部是反面的，有时候正面的东西也需要加以总结巩固。正确的东西会使你变得更加聪慧，错误的东西会使你变得更加清醒。

自省是认识自我、发展自我、完善自我和实现自我价值的最佳方法。心平气和地正视自己，客观地反省自己，既是一个人修身养德必备的基本功之一，又是增强人之生存实力的一条重要途径。因此，在自我否认的背后，他们实际上有着充分的自信，在不断的反省中获取前进的力量，让自己变得更优秀。

反省其实是一种学习能力，反省过程就是学习过程。如果能够不断自我反省，并努力寻求解决问题的方法，从中悟到失败的教训和不完美的根源，全力做出纠正，这样就可以在反省中清醒，在反省中明辨是非，在反省中变得更加睿智。

对自己做错的事，知道悔悟和责备自己，这是敦品励行的原动力。不反省不会知道自己的缺点和过失，不悔悟就无从改进自己的工作。

经常反省自己，可以去除杂念，对事物有清晰、准确的判断，理性地认识自己，并提醒自己改正过失。只有全面地反省，才能真正认识自己，才能不断完善自己。因此，每日反省自己是不可或缺的功课。通过经常反省自己的思想和行为，无情地自我解剖，严格地自我批评，及时地改正自己的过错，把过失和错误消灭于萌芽状态。

勇于面对自己、正视自己，对自己的一言一行进行反省，反省不理智之思、不和谐之音、不练达之举、不完美之事，并且要及时进行，反复进行，才能够得到真切、深入而细致的收获；疏忽了、倦了，就有可能放过一些本该及时反省的事情，进而导致自己的一再犯错。

每天对自己一天的工作行为做一个深层次的检查，不断发现和改正自己的缺点，认识和发扬自己的长处。

（1）反省我们的工作态度：今天的工作，我是否有偷懒的行为？是否尽了全力？有无浪费时间？

（2）反省我们的做事方法：对于今天所做的事情，处理是否得当，怎么样做有可能会出现更好的结果？

（3）反省我们的工作进程：我今天做了多少事，有无进步？有没有完成既定的目标？有没有给自己提出更高的要求？

（4）反省我们的人际交往：我今天是否说过不当的话？是否做过损害别人的事？某人对我不友善是不是另有原因？

8

追求卓越，以最高的标准要求自己

亚伯拉罕·林肯说，

我尽我所知、尽我所能做到最好，并决心一直这样做下去。

一个不想当将军的士兵，不是好士兵。每一个进入西点军校的学员，在他们的心中，都埋藏着一个当将军的梦想。若非如此，他们就不可能成为优秀的士兵。同样，要想成为企业的优秀员工，我们要随时随地保持对梦想的热忱。

人不可能做到十全十美，但我们可以追求完美。可能你现在还不是一个卓越的员工，但如果你心中有这样一个目标，那么，你已经就走在追求卓越的路上了。

彼得现在是一家企业的领导，以前他只是一名普通的推销员。但一句话改变了他的一生。这句话是他在一本书上看到的：每个人都拥有超出自己想象 10 倍以上的力量。

看到这句话，他反省了自己，发现自己错过了许多可以和顾客成交的机会。于是，他制订了严格的行动计划，并在每一天的工作当中付诸实践。两个月后，他的业绩已经增加 2 倍。几年后，他拥有了自己的企业。

问及很多高效的销售员工，为什么他们能够创造奇迹般的销售业绩，他们的回答有一点非常相似：他们对自己都有着极高的要求——要求自己做到完美；使顾客百分之百满意；成为企业团队中的最佳一员。

这样的高要求，使他们拥有强大的动力向着成功的方向努力。

拿破仑·希尔的《成功哲学》中有这样一段话："如果你想成功，必须明确自己的追求。要尽最大努力去做，在没有实现目标之前以最高标准来要求自己。”

“实现目标之前就以目标的最高标准来要求自己”就是“将自己成功时的形象，放到愿望的蓝图里”。这样放进了愿望的形象就成为人的动力，人将会有强烈欲望去积极采取有助于自己取得成功的行动。

韩国现代企业的好员工标准是：“他们能够自己在内心为自己树立一个标准，而这个标准应该符合他们所能够做到的最好的状态，并引领他们达到完美的状态。”

对于优秀员工而言，卓越是唯一的工作标准。他们不会对自己说“我已经做得够好了”，而是要求自己在每一份工作中都做到尽善尽美。

狄更斯曾说过：“成功好比一张梯子，机会是梯子两侧的长柱，能力是插在两个长柱之间的横木。”企业为我们提供了“长柱”这个成长的空间，能爬多高，就看自己能够把代表能力的“横木”架到多高的位置上。

每个人身上都蕴含着无限的潜能，如果你能在心中给自己定一个较高的标准，激励自己不断超越自我，那么你就能爬到高处，摆脱平庸，走向卓越。

以最高的标准要求自己，这是优秀员工工作的唯一标准。这样的结果一方面造就卓越的员工，另一方面造就成功的企业。